パーソナルカラー

春

×

骨格診断

ナチュラル
似合わせBOOK

ビューティーカラーアナリスト®
海保麻里子
Mariko Kaiho

sanctuarybooks

Prologue

いつでも、どこでも、いくつになっても、心地いい自分でいたい。
日々身につける服も、メイクやヘアスタイルも、自分の心と体によくなじむものだけを選んで、毎日を気分よく過ごしたい。

でも、私に似合うものってなんだろう？
世の中にあふれる服やコスメのなかから、どうやって選べばいいんだろう？

そんな思いを抱えている方に向けて、この本をつくりました。

自分に似合うものを知る近道。それは、自分自身をもっとよく知ること。
もともともっている特徴や魅力を知り、それらを最大限にいかす方法を知ることが、とても大切になります。

そこで役立つのが、「パーソナルカラー」と「骨格診断」。
パーソナルカラーは、生まれもった肌・髪・瞳の色などから、似合う「色」を導き出すセオリー。骨格診断は、生まれもった骨格や体型、ボディの質感から、似合う「形」と「素材」を導き出すセオリー。

この2つのセオリーを知っていれば、自分に似合う服やコスメを迷いなく選べるようになります。

買ってみたもののしっくりこない……ということがなくなるので、ムダ買いが激減し、クローゼットのアイテムはつねにフル稼働。毎朝の服選びがグッとラクになり、それでいて自分にフィットするすてきな着こなしができるようになります。

自分の魅力をいかしてくれるスタイルで過ごす毎日は、きっと心地よく楽しいもの。つづけるうちに、やがて「自信」や「自分らしさ」にもつながっていくと思います。

この本の最大のポイントは、12冊シリーズであること。

パーソナルカラーは「春」「夏」「秋」「冬」の4タイプ、骨格は「ストレート」「ウェーブ」「ナチュラル」の3タイプに分類され、かけ合わせると合計12タイプ。

パーソナルカラーと骨格診断の専門知識にもとづき、12タイプそれぞれに似合うファッション・メイク・ヘア・ネイルを1冊ずつにわけてご紹介しています。

1冊まるごと、私のためのファッション本。

そんなうれしい本をめざしました。これからの毎日を心地いい自分で過ごすために、この本を手もとに置いていただけたら幸いです。

この本の使い方

この本は

パーソナルカラー **春**

×

骨格診断 **ナチュラル**

タイプの方のための本です

【パーソナルカラー】
「春」「夏」「秋」「冬」の4タイプ

×

【骨格】
「ストレート」「ウェーブ」「ナチュラル」の3タイプ

かけ合わせると、合計12タイプ

〈全12冊シリーズ〉

この本はこれ！

『パーソナルカラー春×骨格診断ストレート似合わせBOOK』

『パーソナルカラー春×骨格診断ウェーブ似合わせBOOK』

『パーソナルカラー春×骨格診断ナチュラル似合わせBOOK』

『パーソナルカラー夏×骨格診断ストレート似合わせBOOK』

『パーソナルカラー夏×骨格診断ウェーブ似合わせBOOK』

『パーソナルカラー夏×骨格診断ナチュラル似合わせBOOK』

『パーソナルカラー秋×骨格診断ストレート似合わせBOOK』

『パーソナルカラー秋×骨格診断ウェーブ似合わせBOOK』

『パーソナルカラー秋×骨格診断ナチュラル似合わせBOOK』

『パーソナルカラー冬×骨格診断ストレート似合わせBOOK』

『パーソナルカラー冬×骨格診断ウェーブ似合わせBOOK』

『パーソナルカラー冬×骨格診断ナチュラル似合わせBOOK』

パーソナルカラーは……
似合う「色」がわかる

生まれもった肌・髪・瞳の色などから、似合う「色」を導き出します

骨格は……
似合う「形」「素材」がわかる

生まれもった骨格や体型、ボディの質感から、似合う「形」と「素材」を導き出します

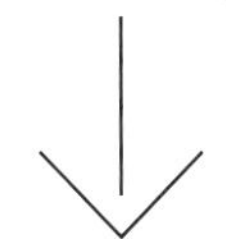

12冊シリーズ中、自分自身のタイプの本を読むことで、
本当に似合う「色」「形」「素材」の
アイテム、コーディネート、ヘアメイクが
わかります

自分自身が「パーソナルカラー春×骨格診断ナチュラル」タイプで、似合うものが知りたい方 → P27へ

自分自身の「パーソナルカラー」と「骨格診断」のタイプがわからない方

パーソナルカラーセルフチェック → P12へ

骨格診断セルフチェック → P22へ

→ 12冊シリーズ中、該当するタイプの本を手にとってください

Contents

春×ナチュラルタイプのベストアイテム12

Chapter2
なりたい自分になる、春×ナチュラルタイプの配色術

11色で魅せる、春×ナチュラルタイプの配色コーディネート

Chapter 3

[illegible]

色の力で、生まれもった魅力を120%引き出す

「パーソナルカラー」

パーソナルカラーって何？

身につけるだけで自分の魅力を最大限に引き出してくれる、自分に似合う色。

そんな魔法のような色のことを、パーソナルカラーといいます。

SNSでひと目惚れしたすてきな色のトップス。トレンドカラーのリップ。いざ買って合わせてみたら、なんだか顔がくすんで見えたり青白く見えたり……。

それはおそらく、自分のパーソナルカラーとは異なる色を選んでしまったせい。

パーソナルカラーは、生まれもった「肌の色」「髪の色」「瞳の色」、そして「顔立ち」によって決まります。自分に調和する色を、トップスやメイクやヘアカラーなど顔まわりの部分にとり入れるだけで、肌の透明感が驚くほどアップし、フェイスラインがすっきり見え、グッとおしゃれな雰囲気になります。

これ、大げさではありません。サロンでのパーソナルカラー診断では、鏡の前でお客さまのお顔の下にさまざまな色の布をあてていくのですが、「色によって見え方がこんなに違うんですね！」と多くの方が驚かれるほど効果絶大なんです。

イエローベースとブルーベース

最近「イエベ」「ブルベ」という言葉をよく耳にしませんか？

これは、世の中に無数に存在する色を「イエローベース（黄み）」と「ブルーベース（青み）」に分類したパーソナルカラーの用語。

たとえば同じ赤でも、黄みがあってあたたかく感じるイエローベースの赤と、青みがあって冷たく感じるブルーベースの赤があるのがわかるでしょうか。

パーソナルカラーでは、色をイエローベースとブルーベースに大きくわけ、似合う色の傾向を探っていきます。

4つのカラータイプ「春」「夏」「秋」「冬」

色は、イエローベースかブルーベースかに加えて、明るさ・鮮やかさ・クリアさの度合いがそれぞれ異なります。パーソナルカラーでは、そうした属性が似ている色をカテゴライズし、「春」「夏」「秋」「冬」という四季の名前がついた4つのグループに分類しています。各タイプに属する代表的な色をご紹介します。

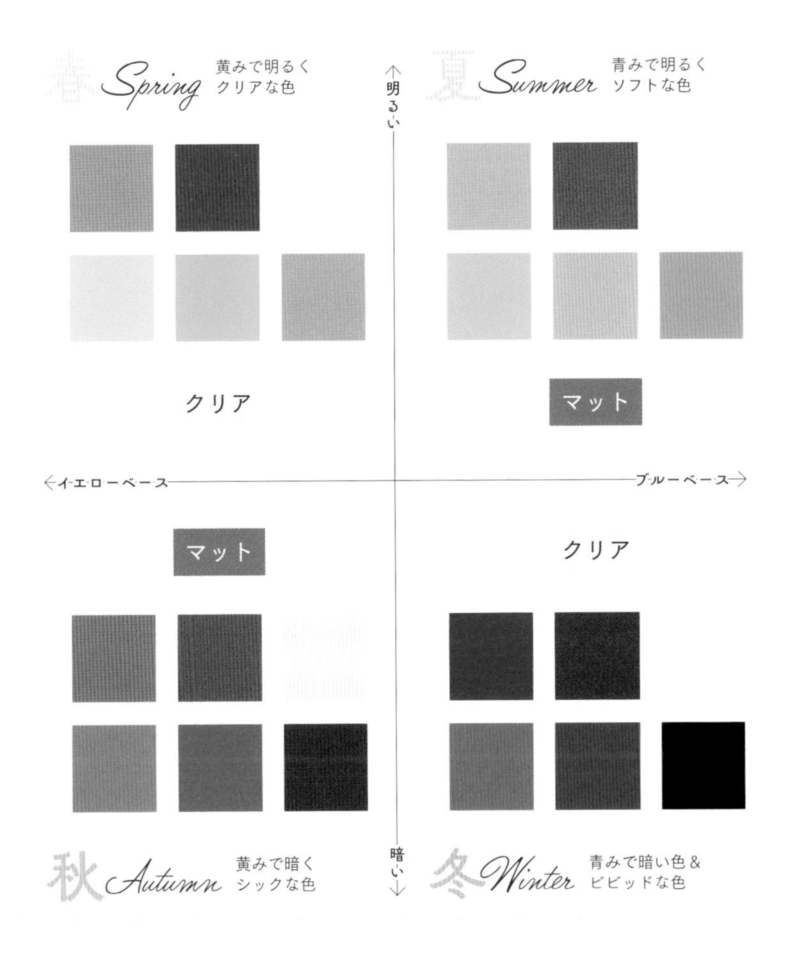

パーソナルカラーセルフチェック

あなたがどのパーソナルカラーのタイプにあてはまるか、セルフチェックをしてみましょう。迷った場合は、いちばん近いと思われるものを選んでください。

①できるだけ太陽光が入る部屋、または明るく白い照明光の部屋で診断してください。

②ノーメイクでおこなってください。

③着ている服の色が影響しないように白い服を着ましょう。

診断はこちらのウェブサイトでもできます（無料）

Q1 あなたの髪の色は？
（基本は地毛。カラーリングしている方はカラーリング後の色でもOK）

A

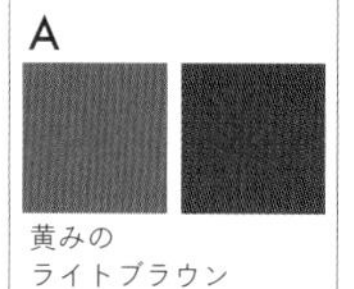

黄みの
ライトブラウン

B

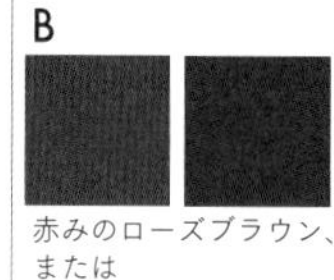

赤みのローズブラウン、
または
ソフトなブラック

C

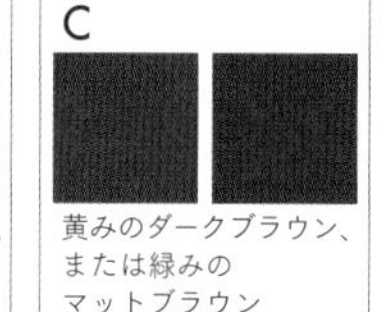

黄みのダークブラウン、
または緑みの
マットブラウン

D

ツヤのあるブラック

Q2 あなたの髪の質感は？

A

ふんわりと
やわらかい
（ねこっ毛だ）。

B

髪は細めで
サラサラだ。

C

太さは普通で
コシとハリがある。

D

1本1本が太くて
しっかりしている。

Q3 あなたの瞳は？

A

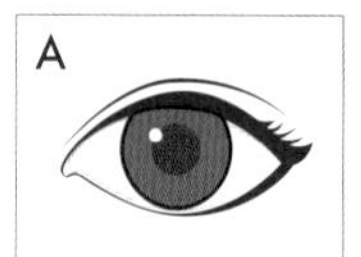

キラキラとした黄みの
ライトブラウン～
ダークブラウン。

B

赤みのダークブラウン
～ソフトなブラック。
ソフトでやさしい印象。

C

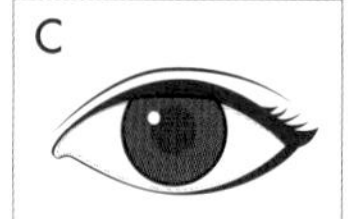

黄みのダークブラウン
で落ち着いた印象。
緑みを感じる方も。

D

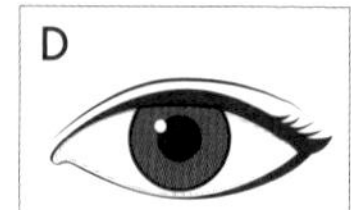

シャープなブラック。
白目と黒目の
コントラストが強く
目力がある。
切れ長の方も。

Q4 あなたの肌の色は？

A

明るいアイボリー。
ツヤがあって
皮膚は薄い感じ。

B

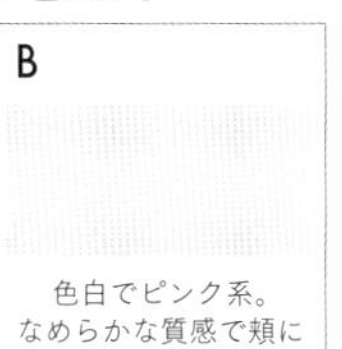

色白でピンク系。
なめらかな質感で頬に
赤みが
出やすい。

C

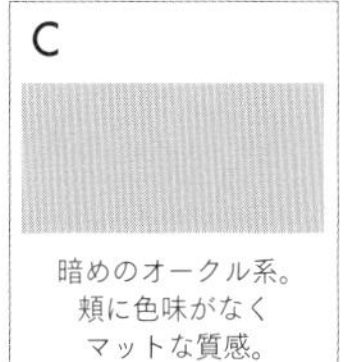

暗めのオークル系。
頬に色味がなく
マットな質感。
くすみやすい方も。

D

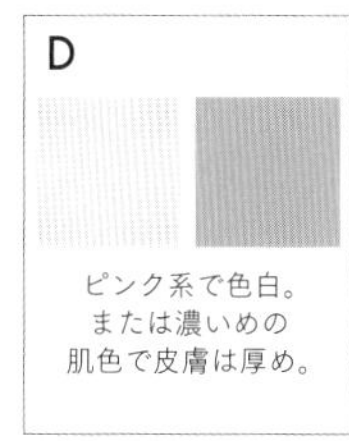

ピンク系で色白。
または濃いめの
肌色で皮膚は厚め。

Q5 日焼けをすると？

A

赤くなって
すぐさめる。
比較的焼けにくい。

B

赤くなりやすいが
日焼けは
ほとんどしない。

C

日焼けしやすい。
黒くなりやすく
シミができやすい。

D

やや赤くなり、
そのあときれいな
小麦色になる。

Q6 家族や親しい友人からほめられるリップカラーは？

A

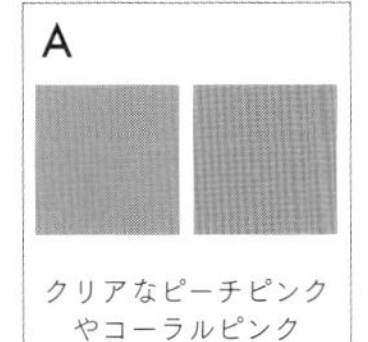

クリアなピーチピンク
やコーラルピンク

B

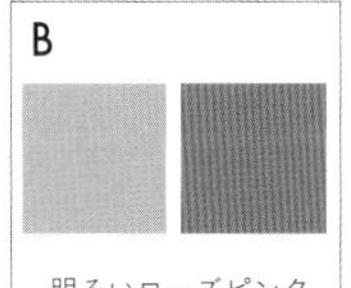

明るいローズピンク
やスモーキーな
モーブピンク

C

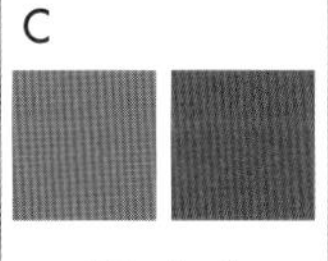

スモーキーな
サーモンピンクや
レッドブラウン

D

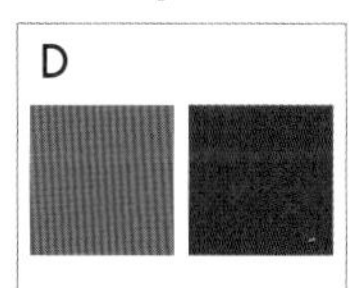

華やかな
フューシャピンクや
ワインレッド

Q7 人からよく言われるあなたのイメージは？

A

キュート、
フレッシュ、
カジュアル、
アクティブ

B

上品、
やさしい、
さわやか、
やわらかい

C

シック、
こなれた、
ゴージャス、
落ち着いた

D

モダン、
シャープ、
スタイリッシュ、
クール

Q8 ワードローブに多い、得意なベーシックカラーは？

A

ベージュやキャメルを着ると、顔色が明るく血色よく見える。

B

ブルーグレーやネイビーを着ると、肌に透明感が出て上品に見える。

C

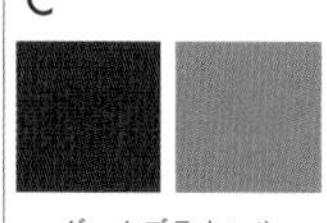

ダークブラウンやオリーブグリーンを着ても、地味にならずにこなれて見える。

D

ブラックを着ても暗くならず、小顔＆シャープに見える。

Q9 よく身につけるアクセサリーは？

A

ツヤのあるピンクゴールドや明るめのイエローゴールド

B

上品な光沢のシルバー、プラチナ

C

マットな輝きのイエローゴールド

D

ツヤのあるシルバー、プラチナ

Q10 着ていると、家族や親しい友人からほめられる色は？

A

明るい黄緑やオレンジ、黄色などのビタミンカラー

B

ラベンダーや水色、ローズピンクなどのパステルカラー

C

マスタードやテラコッタ、レンガ色などのアースカラー

D

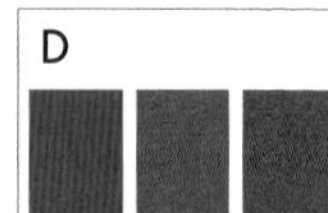

ロイヤルブルーやマゼンタ、真っ赤などのビビッドカラー

診断結果

Aが多かった方は **春** Spring タイプ

Bが多かった方は **夏** Summer タイプ

Cが多かった方は **秋** Autumn タイプ

Dが多かった方は **冬** Winter タイプ

いちばんパーセンテージの高いシーズンがあなたのパーソナルカラーです。パーソナルカラー診断では似合う色を決める4つの要素である「ベース（色み）」「明るさ（明度）」「鮮やかさ（彩度）」「クリアか濁っているか（清濁）」の観点から色を分類し、「春夏秋冬」という四季の名称がついたカラーパレットを構成しています。

パーソナルカラーは、はっきりわかりやすい方もいれば、複数のシーズンに似合う色がまたがる方もいます。パーソナルカラーでは、いちばん似合う色が多いグループを「1st シーズン」、2番目に似合う色が多いグループを「2nd シーズン」と呼んでいます。

・春と秋が多い方　黄みのイエローベースが似合う（ウォームカラータイプ）
・夏と冬が多い方　青みのブルーベースが似合う（クールカラータイプ）
・春と夏が多い方　明るい色が似合う（ライトカラータイプ）
・秋と冬が多い方　深みのある色が似合う（ダークカラータイプ）
・春と冬が多い方　クリアで鮮やかな色が似合う（ビビッドカラータイプ）
・夏と秋が多い方　スモーキーな色が似合う（ソフトカラータイプ）

The「春」「夏」「秋」「冬」タイプの方と、2nd シーズンをもつ6タイプの方がいて、パーソナルカラーは大きく10タイプに分類することができます（10Type Color Analysis by 4element®）。

※迷う場合は、巻末の「診断用カラーシート」を顔の下にあててチェックしてみてください（ノーメイク、自然光または白色灯のもとでおこなってください）。

春　タイプ

どんなタイプ？

かわいらしく元気な印象をもつ春タイプ。春に咲き誇るお花畑のような、イエローベースの明るい色が似合います。

肌の色

明るいアイボリー系。なかにはピンク系の方も。皮膚が薄く、透明感があります。

髪・瞳の色

黄みのライトブラウン系。色素が薄く、瞳はガラス玉のように輝いている方が多いです。

似合うカラーパレット

春タイプの色が似合う場合：肌の血色がアップし、ツヤとハリが出る

春タイプの色が似合わない場合：肌が黄色くなり、顔が大きく見える

ベースカラー
（コーディネートの基本となる色）：
アイボリー、ライトウォームベージュ、ライトキャメルなど、黄みのライトブラウン系がおすすめ。

アソートカラー
（ベースカラーに組み合わせる色）：
ピーチピンク、ライトターコイズなどを選ぶと、肌がより明るく血色よく見えます。

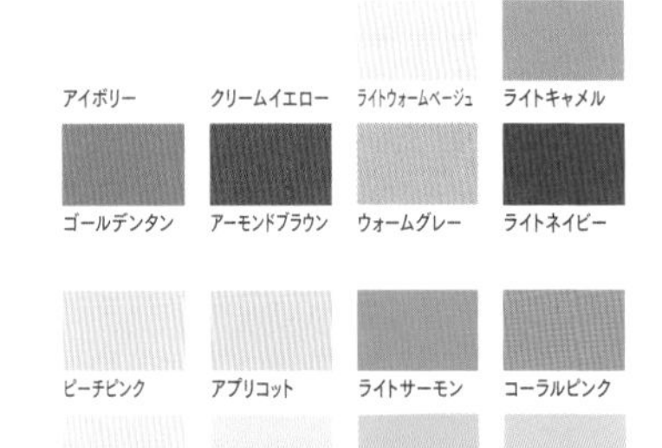

アクセントカラー
（配色に変化を与える色）：
ライトオレンジやブライトイエローなどのビタミンカラー、クリアオレンジレッドなどのキャンディカラーがぴったり。

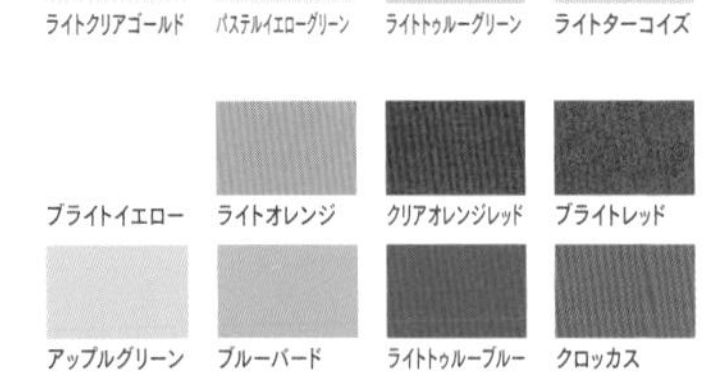

夏 Summer タイプ

どんなタイプ？

エレガントでやわらかい印象をもつ夏タイプ。雨のなかで咲く紫陽花のような、ブルーベースのやさしい色が似合います。

肌の色

明るいピンク系。色白で頬に赤みのある方が多いです。

髪・瞳の色

赤みのダークブラウン系か、ソフトなブラック系。穏やかでやさしい印象。

似合うカラーパレット

夏タイプの色が似合う場合：肌の透明感がアップし、洗練されて見える

夏タイプの色が似合わない場合：肌が青白く見え、寂しい印象になる

ベースカラー
（コーディネートの基本となる色）：
ライトブルーグレー、ソフトネイビー、ローズベージュなどで上品に。

オフホワイト　ローズベージュ　ココア　ローズブラウン
ライトブルーグレー　チャコールブルーグレー　ソフトネイビー　グレイッシュブルー

アソートカラー
（ベースカラーに組み合わせる色）：
青みのある明るいパステルカラーや、少し濁りのあるスモーキーカラーが得意。

ベビーピンク　ペパーミントグリーン　パウダーブルー　ライトレモンイエロー
ローズピンク　モーブピンク　スカイブルー　ラベンダー

アクセントカラー
（配色に変化を与える色）：
ローズレッド、ディープブルーグリーンなど、ビビッドすぎない色が肌になじみます。

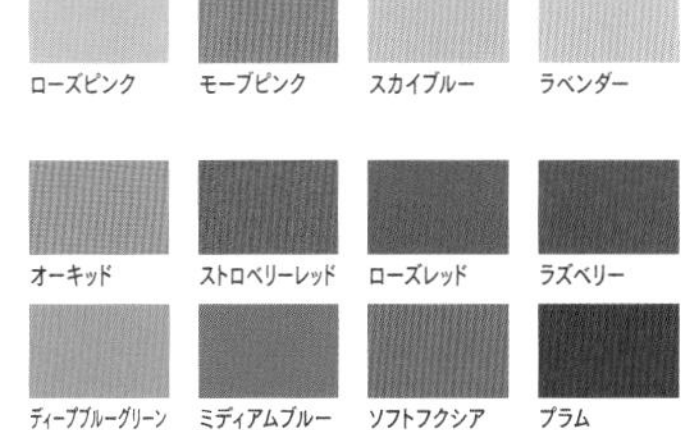

秋 Autumn タイプ

どんなタイプ？

大人っぽく洗練された印象をもつ秋タイプ。秋に色づく紅葉のような、イエローベースのリッチな色が似合います。

肌の色

やや暗めのオークル系。マットな質感で、頬に色味がない方も。

髪・瞳の色

黄みのダークブラウン系。グリーンっぽい瞳の方も。穏やかでやさしい印象。

似合うカラーパレット

秋タイプの色が似合う場合：肌の血色がアップし、なめらかに見える

秋タイプの色が似合わない場合：肌が暗く黄ぐすみして、たるんで見える

ベースカラー
（コーディネートの基本となる色）：
ダークブラウン、キャメル、オリーブグリーンなどのアースカラーも地味にならず洗練度アップ。

アソートカラー
（ベースカラーに組み合わせる色）：
サーモンピンク、マスカットグリーンなど、少し濁りのあるスモーキーカラーで肌をなめらかに。

アクセントカラー
（配色に変化を与える色）：
テラコッタ、ゴールド、ターコイズなど、深みのあるリッチなカラーがおすすめ。

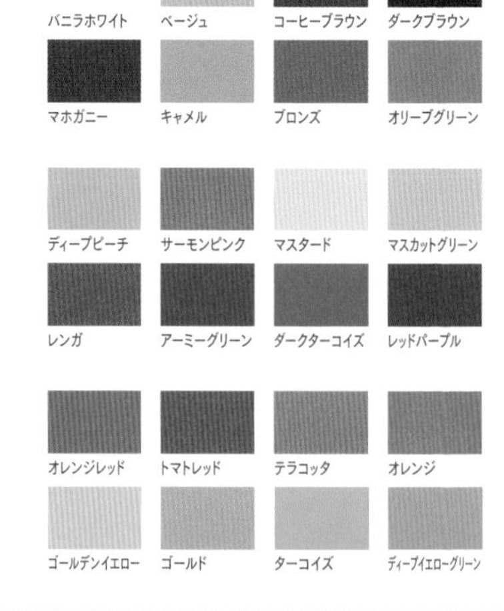

冬 Winter タイプ

どんなタイプ？

シャープで凛とした印象をもつ冬タイプ。澄んだ冬空に映えるような、ブルーベースのビビッドな色が似合います。

肌の色

明るめか暗めのピンク系。黄みの強いオークル系の方も。肌色のバリエーションが多いタイプ。

髪・瞳の色

真っ黒か、赤みのダークブラウン系。黒目と白目のコントラストが強く、目力があります。

似合うカラーパレット

冬タイプの色が似合う場合：フェイスラインがすっきりし､華やかで凛とした印象になる

冬タイプの色が似合わない場合：肌から色がギラギラ浮いて見える

ベースカラー
（コーディネートの基本となる色）：
白・黒・グレーのモノトーンが似合う唯一のタイプ。濃紺も似合います。

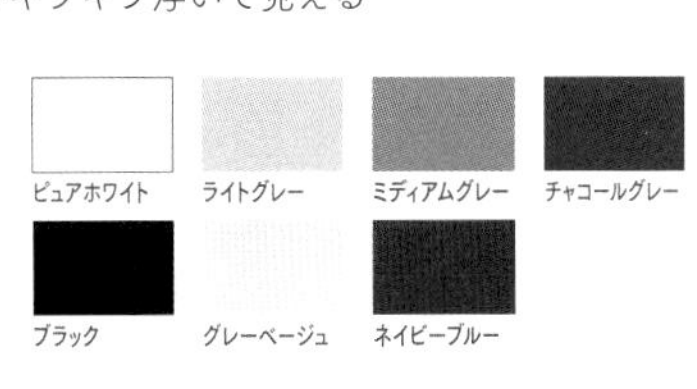

アソートカラー
（ベースカラーに組み合わせる色）：
深みのあるダークカラーで大人っぽく。薄いシャーベットカラーも得意。

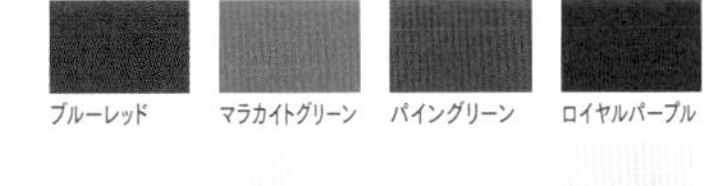

ペールグリーン　ペールブルー　ペールピンク　ペールバイオレット

アクセントカラー
（配色に変化を与える色）：
目鼻立ちがはっきりしているので、ショッキングピンクやロイヤルブルーなどの強い色にも負けません。

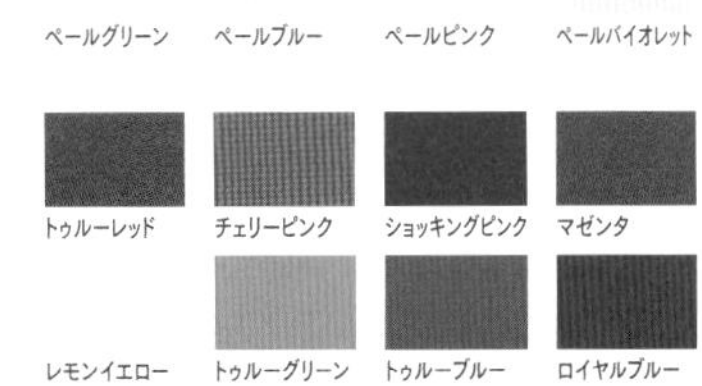

※ベース、アソート、アクセントカラーは配色によって変わることがあります

一度知れば一生役立つ、似合うファッションのルール

「骨格診断」

骨格診断って何？

肌や瞳の色と同じように、生まれもった体型も人それぞれ。骨格診断は、体型別に似合うファッションを提案するメソッドです。

体型といっても、太っているかやせているか、背が高いか低いか、ということではありません。

骨や関節の発達のしかた、筋肉や脂肪のつきやすさ、肌の質感など、生まれもった体の特徴から「似合う」を導き出します。

パーソナルカラーでは自分に似合う「色」がわかる、といいました。一方、骨格診断でわかるのは、自分に似合う「形」と「素材」。

服・バッグ・靴・アクセサリーなど世の中にはさまざまなファッションアイテムがあふれていますが、自分の骨格タイプとそのルールを知っておけば、自分に似合う「形」と「素材」のアイテムを迷わず選びとることができるんです。

体型に変化があっても、骨の太さが大きく変わることはありません。体重の増減が10kg前後あった場合、似合うものの範囲が少し変わってくることはありますが、基本的に骨格タイプは一生変わらないもの。つまり、自分の骨格タイプのルールを一度覚えてしまえば、一生役立ちます。

年齢を重ねるとボディラインが変化していきますが、じつは変化のしかたには骨格タイプごとの特徴があります。そのため、年齢を重ねることでより骨格タイプに合ったファッションが似合うようになる傾向も。

パーソナルカラーと骨格診断。どちらも、「最高に似合う」を「最速で叶える」ためのファッションルール。服選びに迷ったときや、鏡のなかの自分になんだかしっくりこないとき、きっとあなたを助けてくれるはずです。

3つの骨格タイプ「ストレート」「ウェーブ」「ナチュラル」

骨格診断では、体の特徴を「ストレート」「ウェーブ」「ナチュラル」という3つの骨格タイプに分類し、それぞれに似合うファッションアイテムやコーディネートを提案しています。

まずは、3タイプの傾向を大まかにご紹介しますね。

ストレート *Straight*

筋肉がつきやすく、立体的でメリハリのある体型の方が多いタイプ。シンプルでベーシックなスタイルが似合います。

ウェーブ *Wave*

筋肉より脂肪がつきやすく、平面的な体型で骨が華奢な方が多いタイプ。ソフトでエレガントなスタイルが似合います。

ナチュラル *Natural*

手足が長く、やや平面的な体型で骨や関節が目立つ方が多いタイプ。ラフでカジュアルなスタイルが似合います。

骨格診断セルフチェック

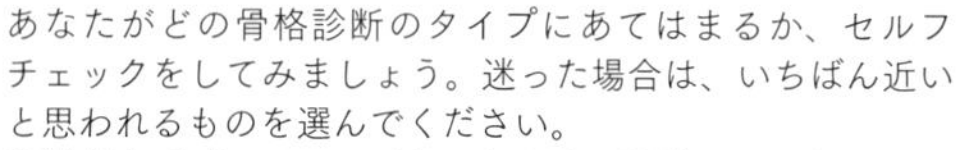

診断はこちらの
ウェブサイトでも
できます（無料）

あなたがどの骨格診断のタイプにあてはまるか、セルフチェックをしてみましょう。迷った場合は、いちばん近いと思われるものを選んでください。
①鎖骨やボディラインがわかりやすい服装でおこないましょう。
（キャミソールやレギンスなど）
②姿見の前でチェックしてみましょう。
③家族や親しい友人と一緒に、体の特徴を比べながらおこなうとわかりやすいです。

Q1 筋肉や脂肪のつき方は？

A 筋肉がつきやすく、二の腕や太ももの前の筋肉が張りやすい。
B 筋肉がつきにくく、腰まわり、お腹など下半身に脂肪がつきやすい。
C 関節が大きく骨が太め。肉感はあまりなく、骨張っている印象だ。

Q2 首から肩にかけてのラインは？

A 首はやや短め。肩まわりに厚みがある。
B 首は長めで細い。肩まわりが華奢で薄い。
C 首は長くやや太め。筋が目立ち肩関節が大きい。

Q3 胸もとの厚みは？

A 厚みがあり立体的（鳩胸っぽい）、バストトップは高め。
B 厚みがなく平面的、バストトップはやや低め。
C 胸の厚みよりも、肩関節や鎖骨が目立つ。

Q4 鎖骨や肩甲骨の見え方は？

A あまり目立たない。
B うっすらと出ているが、骨は小さい。
C はっきりと出ていて、骨が大きい。

Q5 体に対する手の大きさや関節は？

A 手は小さく、手のひらは厚い。骨や筋は目立たない。
B 大きさはふつうで、手のひらは薄い。骨や筋は目立たない。
C 手は大きく、厚さより甲の筋や、指の関節、手首の骨が目立つ。

Q6 手や二の腕、太ももの質感は？

A 弾力とハリのある質感。
B ふわふわとやわらかい質感。
C 皮膚がややかためで、肉感をあまり感じない。

Q7 腰からお尻のシルエットは？

A 腰の位置が高めで、腰まわりが丸い。

B 腰の位置が低めで、腰が横（台形）に広がっている。

C 腰の位置が高めで、お尻は肉感がなく平らで長い。

Q8 ワンピースならどのタイプが似合う？

A Iラインシルエットでシンプルなデザイン

B フィット＆フレアのふんわり装飾性のあるデザイン

C マキシ丈でゆったりボリュームのあるデザイン

Q9 着るとほめられるアイテムは？

A パリッとしたコットンシャツ、ハイゲージ（糸が細い）のVネックニット、タイトスカート

B とろみ素材のブラウス、ビジューつきニット、膝下丈のフレアスカート

C 麻の大きめシャツ、ざっくり素材のゆったりニット、マキシ丈スカート

Q10 どうもしっくりこないアイテムは？

A ハイウエストワンピ、シワ加工のシャツ、ざっくり素材のゆったりニット

B シンプルなVネックニット、ローウエストワンピ、オーバーサイズのカジュアルシャツ

C シンプルなTシャツ、フィット＆フレアの膝丈ワンピ、ショート丈ジャケット

診断結果

Aが多かった方は **ストレート**タイプ

Bが多かった方は **ウェーブ**タイプ

Cが多かった方は **ナチュラル**タイプ

いちばん多い回答が、あなたの骨格タイプです（2タイプに同じくらいあてはまった方は、ミックスタイプの可能性があります）。BとCで悩んだ場合は、とろみ素材でフィット感のある、フリルつきのブラウス＆膝丈フレアスカートが似合えばウェーブタイプ、ローゲージ（糸が太い）のざっくりオーバーサイズのニット＆ダメージデニムのワイドシルエットが似合う方は、ナチュラルタイプの可能性が高いです。

ストレート Straight タイプ

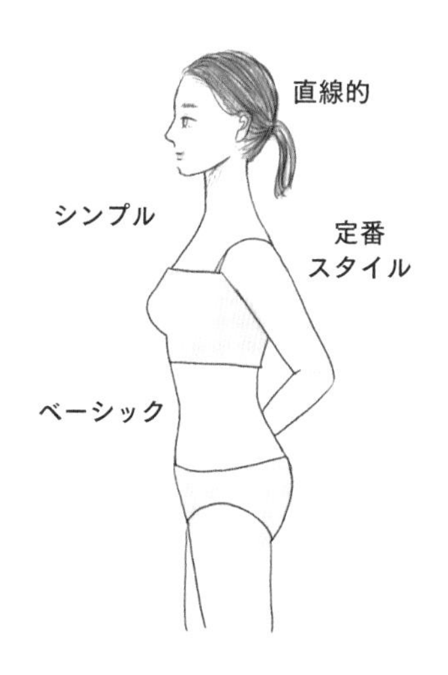

どんなタイプ？

グラマラスでメリハリのある体が魅力のストレートタイプ。シンプルなデザイン、適度なフィット感、ベーシックな着こなしで「引き算」を意識すると、全体がすっきり見えてスタイルアップします。

体の特徴

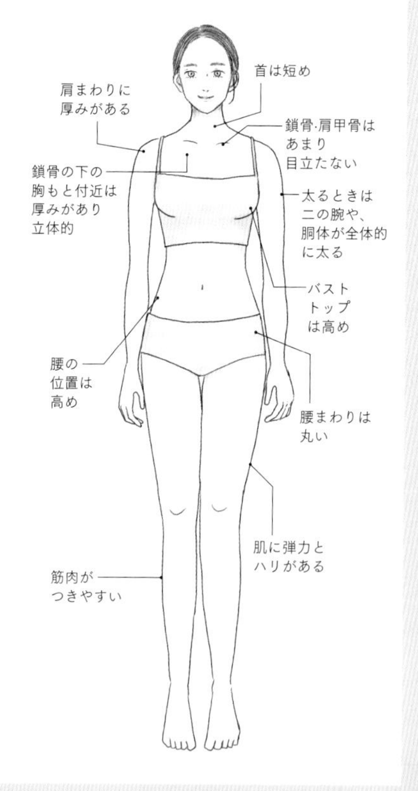

似合うファッションアイテム

パリッとしたシャツ、Vネックニット、タイトスカート、センタープレスパンツなど、シンプル＆ベーシックで直線的なデザイン。

似合う着こなしのポイント

Vネックで胸もとをあける、腰まわりをすっきりさせる、サイズやウエスト位置はジャストにする、Iラインシルエットにする、など。

似合う素材

コットン、ウール、カシミヤ、シルク、表革など、ハリのある高品質な素材。

似合う柄

チェック、ストライプ、ボーダー、大きめの花柄など、直線的な柄やメリハリのある柄。

ウェーブ Wave タイプ

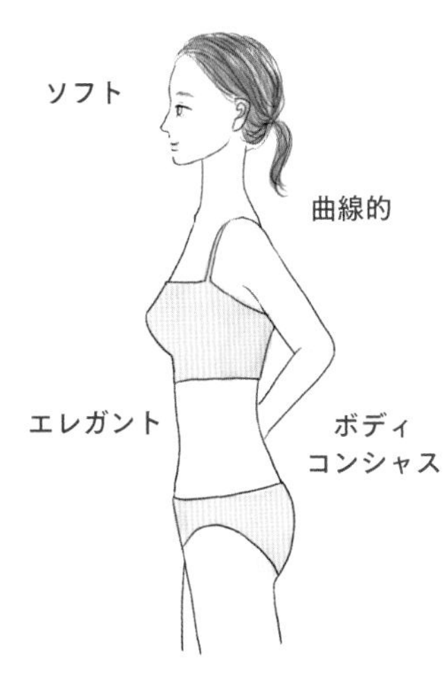

どんなタイプ？
華奢な体とふわふわやわらかい肌質が魅力のウェーブタイプ。曲線的なデザインや装飾のあるデザインで「足し算」を意識すると、体にほどよくボリュームが出て、エレガントさが際立ちます。

体の特徴

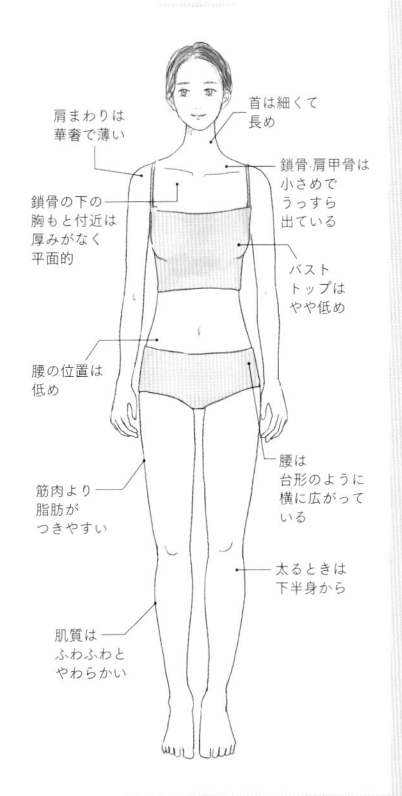

似合うファッションアイテム
フリルや丸首のブラウス、プリーツやタックなど装飾のあるフレアスカート、ハイウエストのワンピースなど、ソフト&エレガントで曲線的なデザイン。

似合う着こなしのポイント
フリルやタックで装飾性をプラスする、ハイウエストでウエストマークをして重心を上げる、フィット（トップス）&フレア（ボトムス）のXラインシルエットにする、など。

似合う素材
ポリエステル、シフォン、モヘア、エナメル、スエードなど、やわらかい素材や透ける素材、光る素材。

似合う柄
小さいドット、ギンガムチェック、ヒョウ柄、小花柄など、小さく細かい柄。

ナチュラル　タイプ

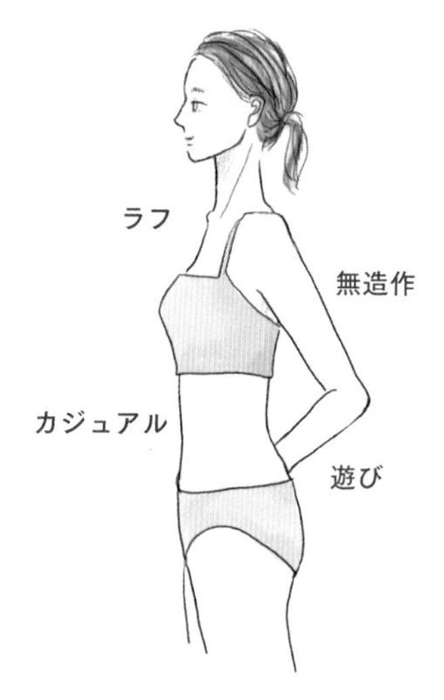

どんなタイプ？
しっかりした骨格と長い手足が魅力のナチュラルタイプ。ゆったりシルエットや風合いのある天然素材で「足し算」を意識すると、骨格の強さとのバランスがとれて、こなれた雰囲気に仕上がります。

体の特徴

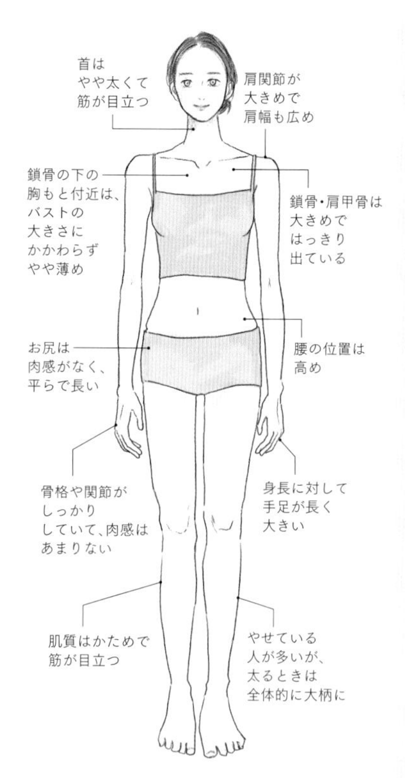

似合うファッションアイテム
麻のシャツ、ざっくりニット、ワイドパンツ、マキシ丈スカートなど、ラフ＆カジュアルでゆったりとしたデザイン。

似合う着こなしのポイント
ボリュームをプラスしてゆったりシルエットをつくる、長さをプラス＆ローウエストにして重心を下げる、肌をあまり出さない、など。

似合う素材
麻、コットン、デニム、コーデュロイ、ムートンなど、風合いのある天然素材や厚手の素材。

似合う柄
大きめのチェック、ストライプ、ペイズリー、ボタニカルなど、カジュアルな柄やエスニックな柄。

Chapter 1

春×ナチュラルタイプの魅力を引き出すベストアイテム

1

ライトグリーンのボーダーロングTシャツ

ビッグシルエットのボーダーロンTは、カジュアルな春×ナチュラルタイプにぴったりのトップス。肩が落ちているドロップショルダーを選ぶと、肩幅や肩関節が目立ちにくく、曲線的なやわらかいラインを演出できます。色はクリアなライトグリーン。アクアブルーのデニムに合わせて、休日のリラックススタイルに。心身ともにリフレッシュできそう。

T-shirt / mite

のんびり起きた朝は
心地いい服でリラックス

2

ベージュのマキシワンピース

顔色がパッと明るくなるベージュは、春タイプにおすすめのベーシックカラー(定番色)。布をたっぷり使ったワンピースでとり入れれば、ほっと安らげるラフなスタイルに。ナチュラルタイプは、重心の下がるAラインのマキシ丈がとても得意。首が長く、鎖骨がしっかりした方が多いので、Tシャツをなかに着てネックラインを引き上げるとフォーカルポイントが整います。

One piece / fifth(編集部私物)

安らぎの色をまとって
晴れた散歩道を歩く

3

キャメルのワイドパンツ

春タイプのカラーパレットのどの色とも合わせやすいキャメル。ボトムスで1着もっておくと、コーディネートのバリエーションが広がるのでおすすめ。ナチュラルでおしゃれな雰囲気になります。骨格の強いボディには、ややかためで厚みのある生地がマッチ。タックのあるゆったりとしたワイドシルエットと、足もとに重さが出るフルレングスを選びます。

Pants / ザ・スーツカンパニー

アースカラーで楽しむ
大人のリラクシー

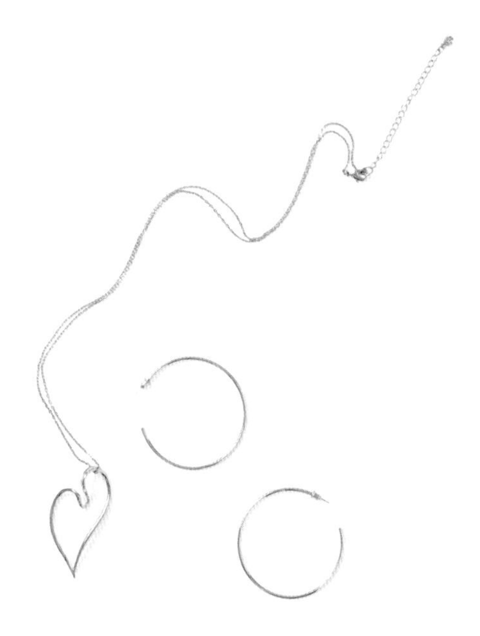

ピンクゴールドのフープピアス
ピンクゴールドのペンダントネックレス

ナチュラルタイプはマットな質感が得意ですが、肌が薄くやわらかい春×ナチュラルタイプの場合、顔まわりにくるアクセサリーは少し輝きのあるかわいらしいものが似合います。ほんのりピンクのゴールドカラーなら肌の血色感がアップ。ピアスは大きめのフープタイプを。ペンダントネックレスはみぞおち～おへそ程度の長さで、存在感のあるトップがおすすめ。

Necklace / VENDOME BOUTIQUE
Earrings / H&M
（編集部私物）

ふんわりかわいいのに
存在感のある輝き

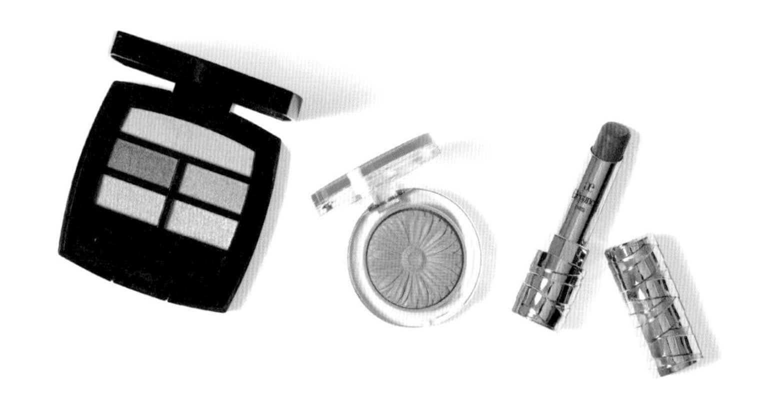

クリアカラーの彩りメイク

もともと色素の明るい春タイプは、それをいかしたクリアなメイクがぴったり。マットな質感が得意なナチュラルタイプでも、ツヤ感や透け感を意識すると春×ナチュラルタイプの魅力が引き立ちます。目もとはピーチピンク×アーモンドブラウンに、大きすぎない上品なラメを添えて。チークはライトサーモン、リップはオレンジレッドでグッと華やかに。大人っぽさも漂うおめかしメイクです。

アイシャドウ /
CHANEL レ ベージュ パレット ルガール 184189 ウォーム
チーク /
CLINIQUE チーク ポップ 08 メロン ポップ
リップ /
Elégance ルージュ クラジュール 03

気分も華やぐ
フレッシュな彩り

春×ナチュラルはどんなタイプ？

自由気ままなリラックス&カジュアル

花や果物のようにフレッシュな色と、ビッグシルエットや天然素材などのカジュアルアイテムが似合う春×ナチュラルタイプ。日差しが降りそそぐ春の野原のような、ほがらかでのびのびとした雰囲気をまとっています。ラフな着こなしをしても、透明感のあるかわいらしさがにじみ出るタイプです。

イメージワード

ほがらか、おおらか、親しみやすい、リラックス

春×ナチュラルタイプの有名人

永野芽郁、佐藤栞里、上野樹里、梨花
（※写真での診断によるものです）

春タイプの特徴

- イエローベース、高明度、高彩度、クリア
- 明るくてかわいらしい色が似合う

ナチュラルタイプの特徴

- 手足が長くフレーム感のある体
- ゆったりとしたラフなアイテムが似合う

似合う色、苦手な色

春タイプに似合う色

肌・髪・瞳の色が明るめの方が多い春タイプは、明るく透明感のあるイエローベースの色が得意。肌の血色感がアップし、ツヤとハリが生まれます。顔立ち（とくに目の印象）がやさしい方はパステルカラー、顔立ちが華やかな方は鮮やかな色が似合いやすいです。

ナチュラルタイプの方には、ブライトイエローやターコイズブルー、アップルグリーンがとくにおすすめです。

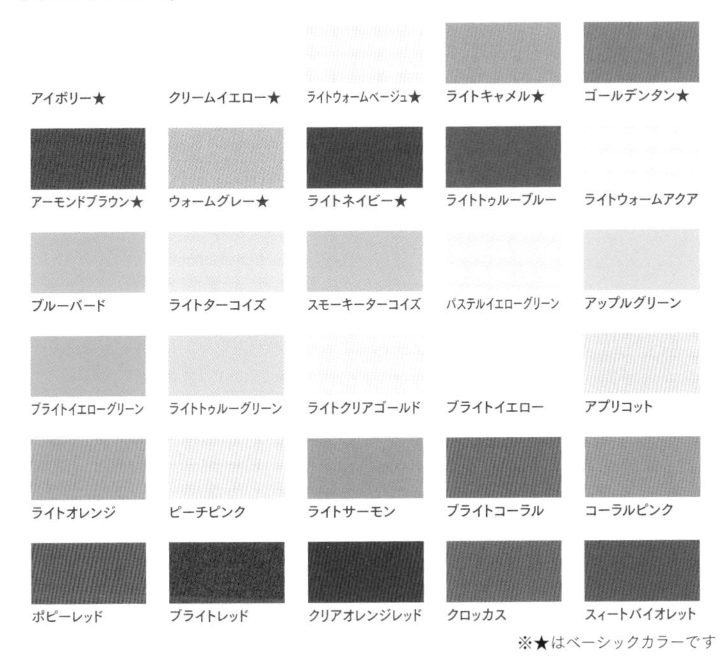

※★はベーシックカラーです

春タイプが苦手な色

くすみのある色や暗い色は苦手な傾向。顔色が沈んで見えてしまいます。とくにダークグレーやブラックは、服選びで候補にあがりやすい色ですが、春タイプの透明感を消してしまう原因に。

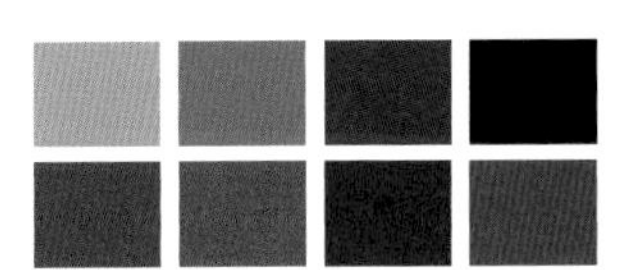

色選びに失敗しないための基礎知識

色の「トーン」のお話

実際に服やコスメを選ぶときは、39ページの似合う色のカラーパレットと照らし合わせると選びやすいと思います。

ここからは、「カラーパレットにない色を選びたい」「似合う色を自分で見極められるようになりたい」という方のために、ちょっと上級者向けの色のお話をしますね。

下の図は、色を円環状に配置した「色相環（しきそうかん）」という図です。これは、赤・緑・青などの「色相」（色味の違い）を表しています。この色相環をもとに、ベースの色味が決まります。

ただ、色の違いは色相だけでは説明できません。同じ赤でも、明るい赤や暗い赤、鮮やかな赤やくすんだ赤があるように、色には「明度」（明るさ）や「彩度」（鮮やかさ）という指標もあります。

明度や彩度が異なることによる色の調子の違いを「トーン」と呼んでいます。右ページ下の図は、色相とトーンをひとつの図にまとめたもの。

「ビビッド」は純色と呼ばれる、最も鮮やかな色。そこに白を混ぜていくと、だんだん高明度・低彩度に。黒を混ぜていくと、だんだん低明度・低彩度になります。

白か黒を混ぜるだけでは色は濁らずクリア（清色）ですが、グレー（白＋黒）を混ぜるとマット（濁色）になります。

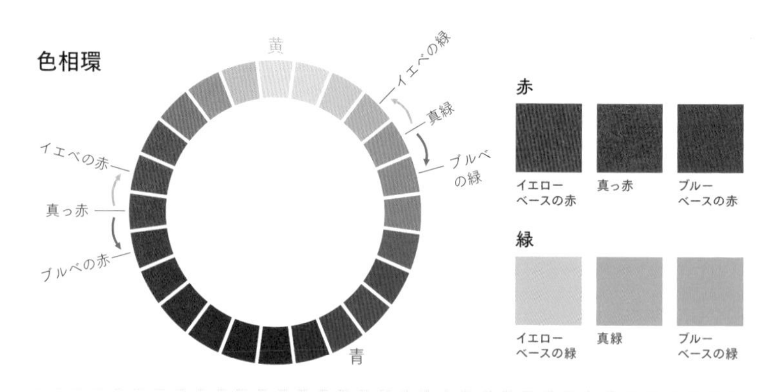

春タイプに似合う色のトーンは？

個人差はありますが、下のトーン図でいうと、lt（ライト）、b（ブライト）、v（ビビッド）などが春タイプに似合いやすい色。このなかでも黄みのある色を選べばOKです。

明度が高くクリアな色も、難なく着こなせてしまうのが春タイプ。明るい肌・髪・瞳の色と調和し、キラキラと輝かせてくれます。

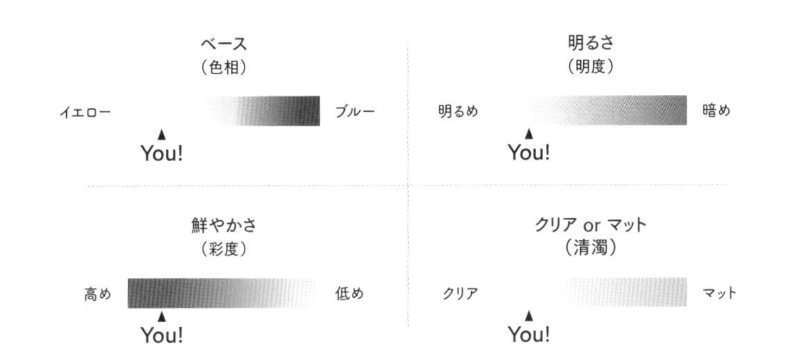

トーン図

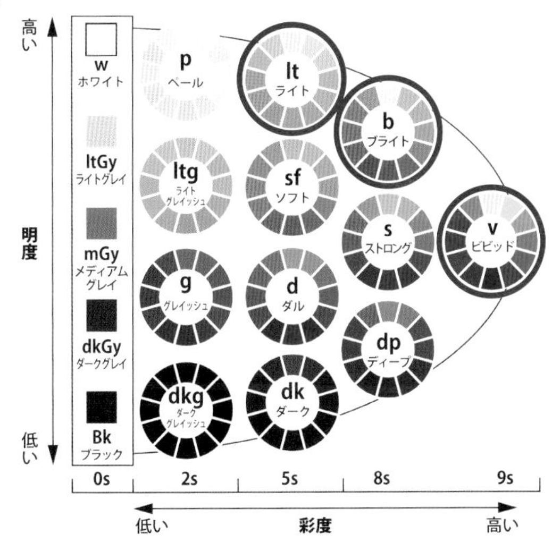

第一印象は「フォーカルポイント」で決まる

フォーカルポイントとは？

おでこから胸もとまでの約30cmのゾーンを「フォーカルポイント」（目を引く部分）といいます。私たちは人と対面するとき、相手のフォーカルポイントを見てその人がどんな人かを無意識に判断しています。

つまり、顔だけでなく「服のネックライン」までもが第一印象を左右するということ。

「似合う」を手軽に、でも確実に手に入れるためには、顔まわりにパーソナルカラーをもってくることと同時に、服のネックラインにこだわることがとても大切なんです。

似合うフォーカルポイントのつくり方

似合うネックラインと、苦手なネックライン。それは、骨格タイプによって決まります。

ナチュラルタイプの方は首が長くしっかりしていて、鎖骨も大きめ。ネックラインが大きくあいていると、首の長さや骨の存在感が強調されすぎてしまうので、ネックラインのあいていない服がおすすめです。

ナチュラルタイプに似合うネックラインは、ラウンドネックや少し襟の高いモックネック。シャツを着るときはボタンを上までとめるか、第1ボタンだけあけて抜き襟にします。

首がすっぽり包まれる、ゆったりとしたタートルネックも○。首が長いナチュラルタイプだからこそカッコよく決まるアイテムです。

肉感をあまり感じないスタイリッシュな体には、重ね着で立体感を出す足し算コーデもよく似合います。ネックラインがあいているときは、あきの小さい服を下にレイヤードしておしゃれに調整するというテクニックも。

小さいフリルやリボンは骨格の強さとマッチしにくいため、襟や胸もとに装飾のある服を着る場合は、大きめのディテールのものを選ぶとしっくりきます。

ネックラインのほか、フォーカルポイントに近いスリーブ（袖）ラインも、肩まわりや二の腕の印象に影響を与えます。ネックラインに加えて意識するとさらに効果的！

ニットとシャツの重ね着で、ネックラインが上がって立体感もアップ！
春タイプに似合う、鮮やかなターコイズブルーでのびやかに。

首もとが縦に大きくあいていると、首の長さや骨っぽさが目立つ。
暗すぎる色、薄手の素材も苦手。

似合うネックライン

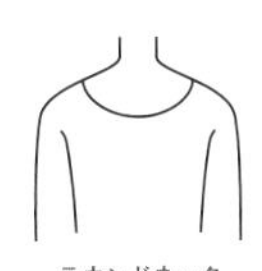
ラウンドネック

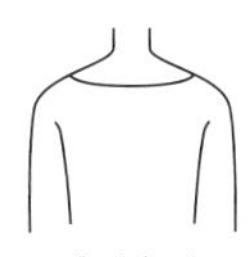
ボートネック

タートルネック

オフタートル

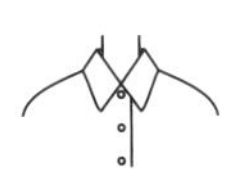
シャツカラー

似合うスリーブライン

半袖

ロールアップスリーブ

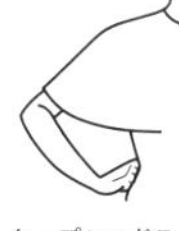
ケープレッドスリーブ

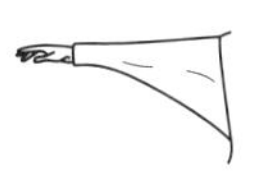
ドルマンスリーブ

体の質感でわかる、似合う素材と苦手な素材

厚手の天然素材が似合うナチュラルタイプ

骨格診断でわかるのは、似合うファッションアイテムの「形」と「素材」。形だけでなく素材もまた、似合う・似合わないを決める重要なポイントです。

ナチュラルタイプは、筋肉や脂肪より骨の強さや大きさが目立ち、肌質はマットな方が多いタイプ。骨感を包み込むような風合いのある素材や、厚手の素材が似合います。

たとえば、麻や綿などの天然素材は大得意。とくに、しわ加工が施されたものや、オックスフォード生地のように表面に凹凸のあるものは、骨格や肌質にマッチしてこなれた雰囲気に。

デニム、コーデュロイ、ブリティッシュツイードなどの厚手でかための素材も◎。冬に着たいムートンやダウンのジャケットも、ナチュラルタイプなら着太りせずさらっと着こなせます。

ニットを着るときは、ざっくりと編まれたローゲージニットを。服のなかで体が泳ぐくらいのオーバーサイズを選ぶと、ほどよいボリュームとラフ感が出ておしゃれに決まります。

体の質感と合いにくいのはどんな素材？

同じ厚みのある素材でも、パリッとした綿シャツやギャバジン生地のトレンチコートなど、フラットできれいめの素材はちょっと苦手。骨感や体の細さが強調され、寂しく物足りない印象になります。

また、シフォンやポリエステルなどの薄い素材、モヘアなどのやわらかい素材、エナメルなどの光沢がある素材も、骨格や肌質にあまりマッチしません。

体にお肉がついていない方が多いので、薄い素材やジャストフィットの服のほうがその体型をいかせるのではないか、と思うかもしれません。

じつは、体のラインが出やすい服は骨の強さや大きさも拾ってしまうので、全体的に骨ばった印象やたくましい印象になりがち。ラフな厚手の素材をゆったりシルエットで着る、これがナチュラルタイプをよりすてきに見せる鉄則です。

ナチュラルタイプに似合う素材

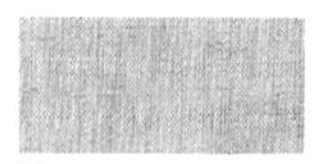
麻

ブリティッシュツイード

コットン

ウール

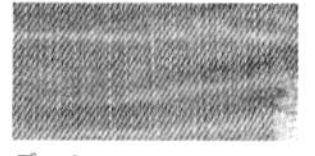
デニム

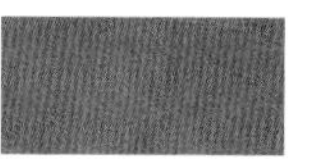
革

ナチュラルタイプに似合う柄

タータンチェック

ボタニカル

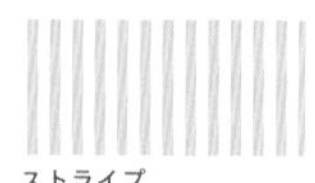
ストライプ

エスニック

ペイズリー

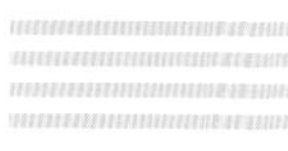
ボーダー

重心バランスを制すると、スタイルアップが叶う

自分の体の「重心」はどこにある？

骨格タイプごとにさまざまな体の特徴がありますが、大きな特徴のひとつに「重心」の違いがあります。骨格診断でいう重心とは、体のなかでどこにボリュームがあるかを示す言葉。
ストレートタイプは、胸もとに立体感がありバストトップの高い方が多いので、横から見るとやや上重心ですが、基本的に偏りはなく「真ん中」。
ウェーブタイプは、バストトップや腰の位置が低く、腰の横張りがある「下重心」。
ナチュラルタイプは、肩幅があって腰の位置が高く、腰幅の狭い「上重心」の方が多いです。

自分の体の重心がどこにあるかを知り、服や小物で重心を移動させてちょうどいいバランスに調整する。これが、スタイルアップの秘訣です！

ナチュラルタイプに似合う重心バランス

重心バランスを調整するためにまずチェックしたいのが、「ウエスト位置」と「トップスの着丈」。ナチュラルタイプは上重心の方が多いため、重心を下げるアイテムや着こなしを選ぶとバランスが整います。

ウエスト位置はローウエスト。トップスの着丈は、腰骨が隠れる丈からロング丈までOK。基本的にトップスはボトムスにインせずに着るか、長すぎる場合は前だけインしてラフにブラウジングします。
オーバーサイズのトップスやロングカーディガンに、マキシ丈のスカートを合わせてさらに重心を下げても、ナチュラルタイプならむしろプロポーションが整ってスタイルアップして見えます。

重心バランスには、服だけでなく小物も関係します。
バッグは、もつ位置によって重心を上下させることが可能。ナチュラルタイプは大きめのバッグを手からさげてもつと重心が下がります。
靴は、ボリュームによって重心を上下させます。ナチュラルタイプは、厚底やチャンキーヒール、ハイカットなど、ボリュームのある靴が得意。
ネックレスの長さも抜かりなく！　みぞおち～おへそ程度の長めのネックレスを身につけると好バランスです。

結論！
春×ナチュラルタイプに似合う
王道スタイル

明るい春カラーの
ラフ&カジュアル
スタイル

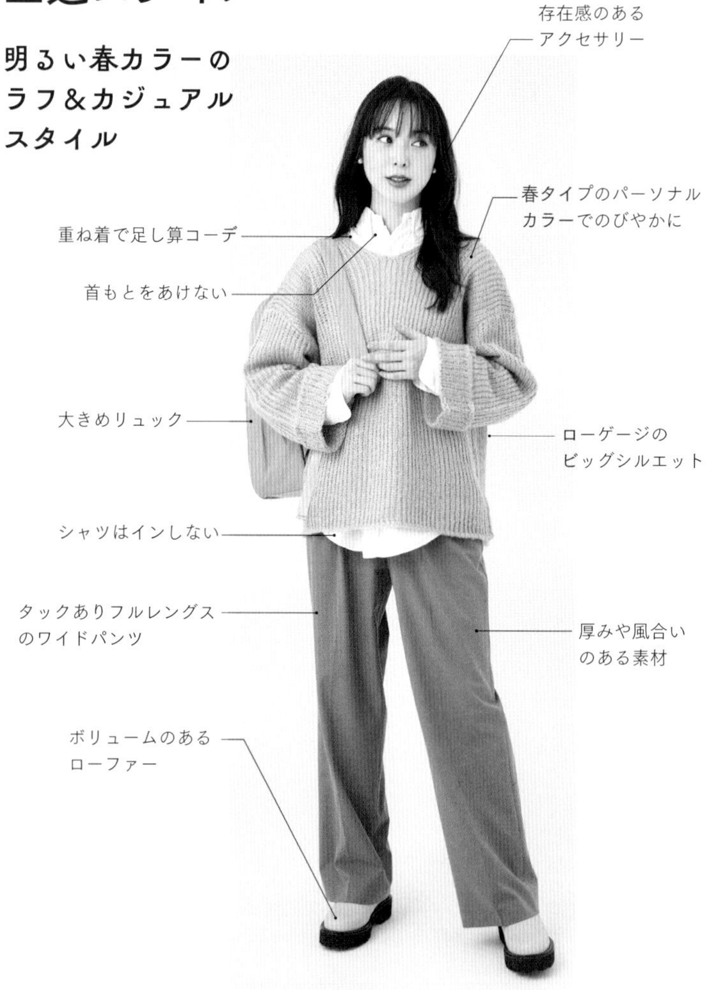

パーソナルカラーと骨格診断に合っていないものを着ると……

暗すぎるブラックは、顔色が悪く見える原因

首もとが縦にあいていて、首の長さや骨っぽさが目立つ

薄手のやわらかい素材が骨格の強さを強調

かっちりしたレザーバッグが、骨格や肌質とアンバランス

スカート丈が短く、重心が上がってバランスがイマイチ

苦手はこう攻略する！

Q. 苦手な色のトップスを着たいときは？

A1. セパレーションする

苦手な色を顔から離す方法が「セパレーション」。首もとに似合う色のネックレスやスカーフをするなど、似合う色を少しでも顔まわりにもってくることが大切。セパレーションが難しいタートルネックは似合う色を選ぶことをおすすめします。

A2. メイクは似合う色にする

メイクの色は顔に直接的な影響を与えます。苦手な色のトップスの影響を和らげるには、アイシャドウ・チーク・リップを似合う色で徹底！

Q. 暗い色のトップスを着たいときは？

A. アクセサリーで顔に光を集める

春タイプの方は暗すぎる色が苦手なので、代わりにピアス・イヤリングやネックレスで顔に光を集めましょう。真っ白すぎない、少し黄みがかったパールがおすすめ。

Q. 鮮やかな色のトップスを着たいときは？

A. アイメイクをしっかりする

春タイプのなかでもやさしい顔立ちの方は、アイブロウ・アイライン・マスカラをいつもより少ししっかりめに。目の印象を強くすると鮮やかな色が似合いやすくなります。

春×ナチュラルタイプのベストアイテム12

ここからは、春×ナチュラルタイプの方におすすめしたいベストアイテム12点をご紹介。春×ナチュラルタイプの魅力を最大限に引き出してくれて、着まわし力も抜群のアイテムを厳選しました。

これらのアイテムを使った14日間のコーディネート例もご紹介するので、毎日の着こなしにぜひ活用してください。

オフホワイトのＴシャツ

カジュアルスタイルに欠かせないＴシャツは、真っ白ではなくオフホワイト～アイボリーを。薄すぎない生地で、ウエストの絞りのないビッグシルエットが似合います。明るいブラウンの大きめロゴが春×ナチュラルタイプにぴったり。

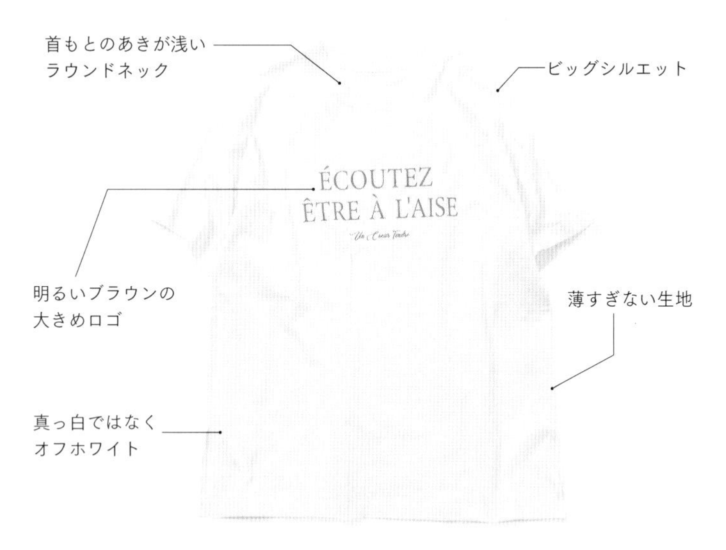

T-shirt / andme（編集部私物）

ライトグリーンのボーダーロングTシャツ

カジュアルなボーダーロンTは、ライトグリーン×オフホワイトのフレッシュな色で。ゆったりとしたシルエットでドロップショルダー、腰が隠れるくらいのロング丈がお似合い。ネックラインがあきすぎていないものを。

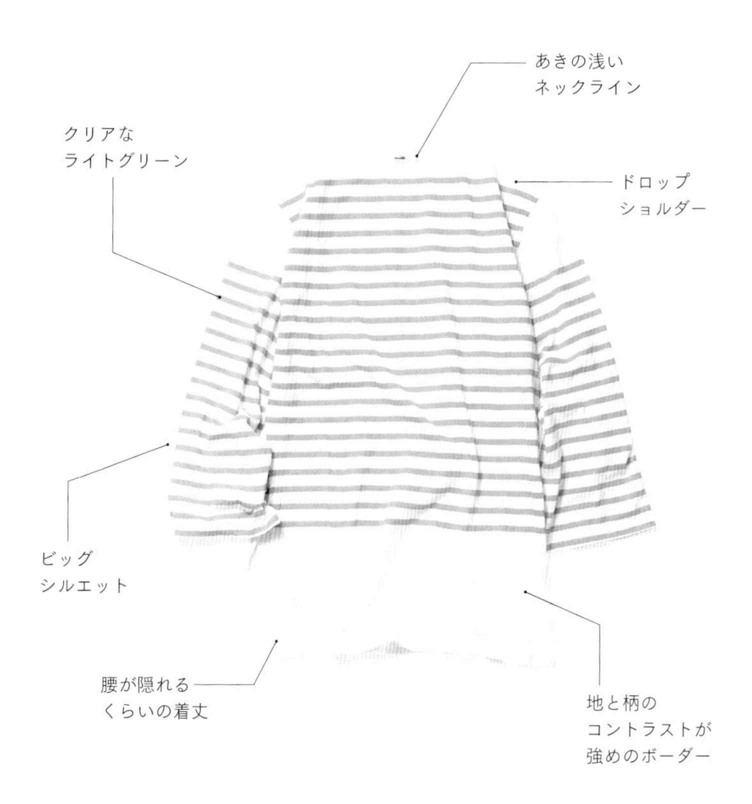

T-shirt / mite

オフホワイトのシャツ

ウエストに絞りのないメンズライクなオックスフォードシャツは、骨格の強さを和らげてボディをソフトに見せてくれます。ナチュラルタイプは厚手が得意ですが、肌がやわらかい春タイプはかたすぎない生地がマッチ。

Shirt / Ralph Lauren（編集部私物）

ベージュのフレアスカート

ギャザーがたっぷり入ったロング丈のスカートは、かわいらしくて重心も下げられるアイテム。天然素材が似合いますが、薄すぎずやわらかすぎなければポリエステルもOK。シャリ感のあるカジュアルな生地がおすすめ。

Skirt / marvelous by Pierrot

キャメルのワイドパンツ

生地に厚みのあるワイドシルエットのパンツは、腰やお尻や脚の骨感をカバーしてソフトな印象に。丈はフルレングスで長さと重さをしっかり出します。キャメルならカジュアルにもきれいめにも使えて、おしゃれ度アップ。

Pants / ザ・スーツカンパニー

クラブS
会員さまのお声

読みやすい本ばかりでどの本も面白いです。

会費に対して、とてもお得感があります。

電子書籍読み放題と、新刊以外にも交換できるのがいいです。

サイン本もあり、本を普通に購入するよりお得です。

来たり来なかったりで気長に付き合う感じが私にはちょうどよいです。ポストに本が入っているとワクワクします。

自分では買わないであろう本を読んで新たな発見に出会えました。

オンラインセミナーに参加して、新しい良い習慣が増えました。

何が届くかわからないわくわく感。まだハズレがない。

本も期待通り面白く、興味深いものと出会えるし、本が届かなくても、クラブS通信を読んでいると楽しい気分になります。

読書がより好きになりました。普段購入しないジャンルの書籍でも届いて読むことで興味の幅が広がりました。

自分の心を切り開く本に出会いました。悩みの種が尽きなかったのに、そうだったのか！！！ってほとんど悩みの種はなくなりました。

sanctuary books

サンクチュアリ出版の主な書籍

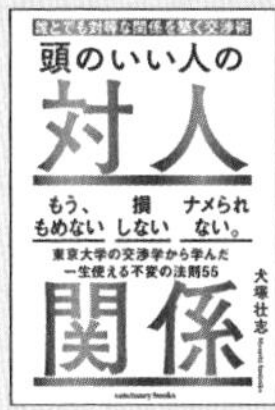

頭のいい人の対人関係
誰とでも対等な
関係を築く交渉術

東大生が日本を
100人の島に例えたら
面白いほど経済がわかった!

なぜか感じがいい人の
かわいい言い方

貯金すらまともにできていま
せんが　この先ずっとお金に
困らない方法を教えてください!

考えすぎない人
の考え方

相手もよろこぶ 私もうれしい
オトナ女子の気くばり帳

ぜったいに
おしちゃダメ?

カメラはじめます!

学びを結果に変える
アウトプット大全

多分そいつ、
今ごろパフェとか
食ってるよ。

お金のこと何もわからないまま
フリーランスになっちゃいましたが
税金で損しない方法を教えてください!

カレンの台所

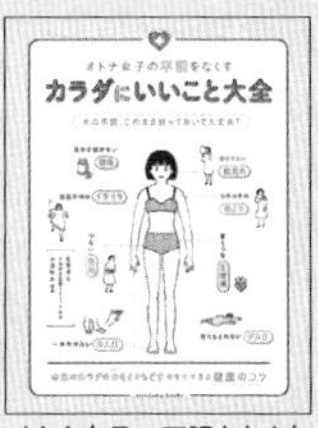

オトナ女子の不調をなくす
カラダにいいこと大全

図解 ワイン一年生

覚悟の磨き方
～超訳 吉田松陰～

サンクチュアリ出版＝本を読まない人のための出版社

はじめまして。サンクチュアリ出版・広報部の岩田梨恵子と申します。
この度は数ある本の中から、私たちの本をお手に取ってくださり、
ありがとうございます。…って言われても「本を読まない人のための
出版社って何ソレ??」と思った方もいらっしゃいますよね。
なので、今から少しだけ自己紹介させてください。

ふつう、本を買う時に、出版社の名前を見て決めることって
ありませんよね。でも、私たちは、「サンクチュアリ出版の本だから
買いたい」と思ってもらえるような本を作りたいと思っています。
そのために"1冊1冊丁寧に作って、丁寧に届ける"をモットーに
1冊の本を半年から1年ほどかけて作り、少しでもみなさまの目に
触れるように工夫を重ねています。

そうして出来上がった本には、著者さんだけではなく、編集者や
営業マン、デザイナーさん、カメラマンさん、イラストレーターさん、書店さんなど
いろんな人たちの思いが込められています。そしてその思いが、
時に「人生を変えてしまうほどのすごい衝撃」を読む人に
与えることがあります。

だから、ふだんはあまり本を読まない
人にも、読む楽しさを忘れちゃった人たち
にも、もう1度「やっぱり本っていいよね」
って思い出してもらいたい。誰かにとって
の「宝物」になるような本を、これからも
作り続けていきたいなって思っています。

ベージュのマキシワンピース

マキシ丈がよく似合うナチュラルタイプ。明るいベージュのゆったりとしたワンピースで、自然体の魅力を引き出して。リラックス感のあるスキッパーデザインは、首もとがあいていないTシャツとのレイヤードがおすすめ。

One piece / fifth(編集部私物)

ベージュの麻ジャケット

メンズライクなダブルジャケットがカッコよく決まるのはナチュラルタイプの特権。ベージュの麻素材なら大人っぽくリラクシーな雰囲気に。胸もとのVゾーンが深く、ボタンの位置が低いほど、重心が下がります。

Jacket / ZARA（著者私物）

キャメルのマウンテンパーカ

ナチュラルタイプが得意なカジュアルアウター。首が長いので、首まわりにボリュームの出るフードも似合います。ゆったり着られるシルエットで、鉄板のロング丈か、ショート丈を選ぶ場合はボトムスで長さを出して。

Outer / 編集部私物

キャンバス地の大きめバッグ

バッグを選ぶときは、骨格の強さに合う大きめサイズでラフな形のものを。厚手のキャンバス地にアーモンドブラウンのパイピングが施されたデザインは、カジュアルななかにきちんと感もあり、幅広いシーンで使えます。

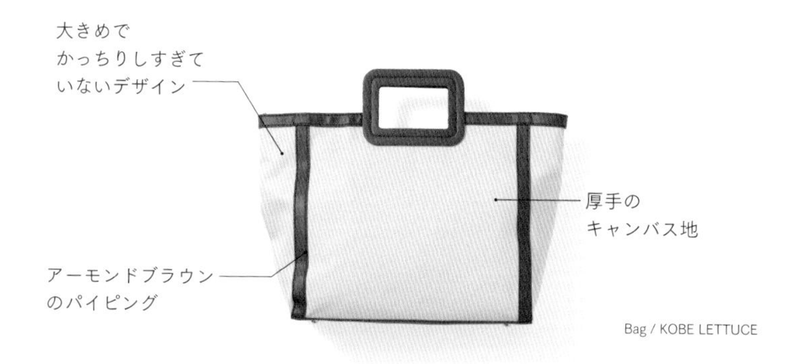

Bag / KOBE LETTUCE

ライトブラウンのスエードパンプス

ナチュラルタイプに似合うパンプスは、太めのローヒールで、つま先が尖りすぎていないもの。明るいブラウンのスエード素材が、春タイプの明るくやわらかい肌に合います。ややマットで大きめのゴールド金具が服の素材感ともマッチ。

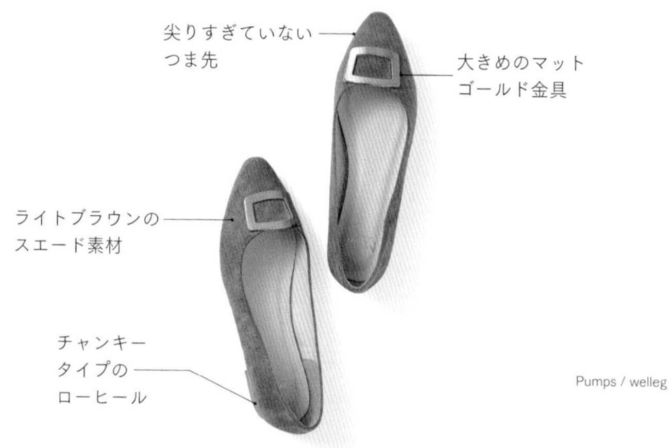

Pumps / welleg

ピンクゴールドのフープピアス
ピンクゴールドのペンダントネックレス

春×ナチュラルタイプの明るくソフトな肌には、ふんわりとした輝きのあるピンクゴールドがなじみます。大きめのフープピアス、太めのチェーンと大きくかわいらしいペンダントトップのついたロングネックレスがおすすめ。

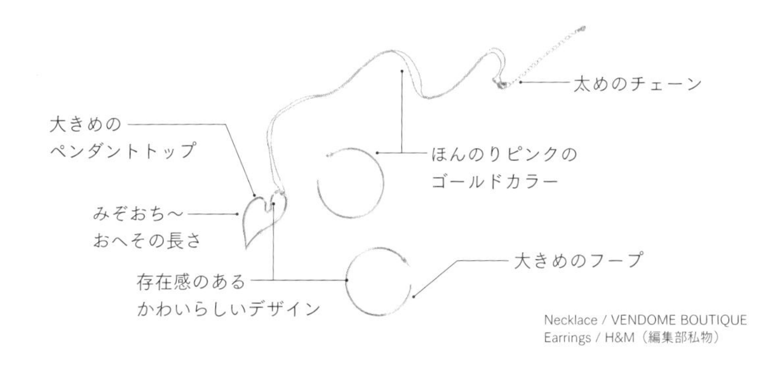

Necklace / VENDOME BOUTIQUE
Earrings / H&M（編集部私物）

革ベルトの腕時計

手首をさりげなく飾る腕時計も、機能性だけでなく色や形にこだわってコーディネートを楽しみましょう！　春×ナチュラルタイプは、ライトブラウンの革ベルト×明るいイエローゴールドやピンクゴールド、フェイスは大きめが◎。

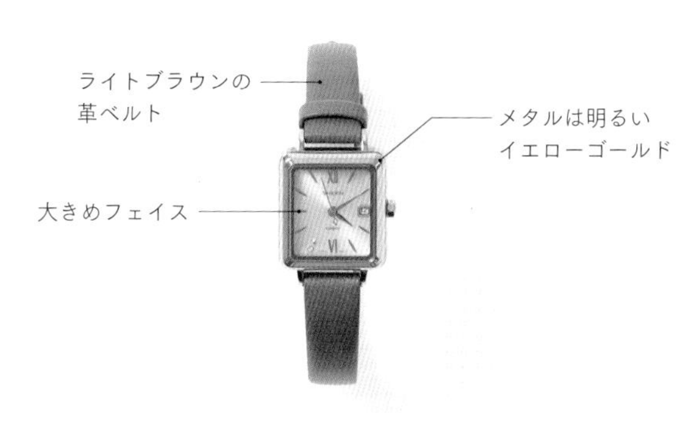

Watch / SHEEN

春×ナチュラルタイプの

着まわしコーディネート 14Days

自分に本当に似合うものを選ぶと、「最小限のアイテム」で「最高に似合うコーディネート」をつくることができるようになります。

先ほどのベストアイテム12点をベースに、スタイリングの幅を広げる優秀アイテムをプラスして、春×ナチュラルタイプに似合う14日間のコーディネート例をご紹介します。

◯ オフホワイトのTシャツ

◯ ライトグリーンのボーダーロングTシャツ

◯ オフホワイトのシャツ

◯ ベージュのフレアスカート

◯ キャメルのワイドパンツ

◯ ベージュのマキシワンピース

◯ ベージュの麻ジャケット

◯ キャメルのマウンテンパーカ

◯ キャンバス地の大きめバッグ

◯ ライトブラウンのスエードパンプス

◯ ピンクゴールドのフープピアス／ピンクゴールドのペンダントネックレス

◯ 革ベルトの腕時計

□アイボリーのパーカ
Hoodie / marvelous by Pierrot

□ブライトイエローのロングカーディガン
Cardigan / crie conforto（編集部私物）

□ターコイズブルーのニット
Knit / marvelous by Pierrot

□ベージュのニット
Knit / CRAFT STANDARD BOUTIQUE（編集部私物）

□ウォッシュドデニムのワイドパンツ
Jeans / WEGO

□アーモンドブラウンのキルティングコート
Outer / KOBE LETTUCE

バッグ

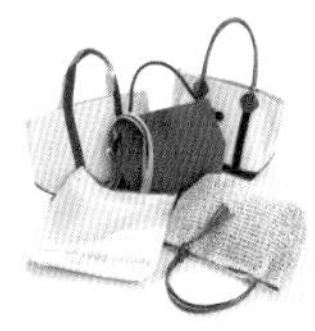

Bag（赤トート、ネイビートート）/ L.L.Bean、（中央ブラウンレザートート）/ cache cache、（左下ホワイトトート）/ LOUIS VUITTON(著者私物)、(右下かごバッグ）/ Trysil

靴

Sneakers（左ゴールドメタリック）/ 卑弥呼、(右白ハイカット）/ CONVERSE、Sandals(左グルカ）/ welleg、(中央ベージュ、右ブラウン）/ KOBE LETTUCE

アクセサリー

Necklace（左パール×ゴールド）/ marvelous by Pierrot、(中央ゴールドチェーン２連）/ PLUS VENDOME、Necklace（右パール）・Earrings（右上ホワイトベージュフープ、左下ゴールド×ホワイト）・Bangle / 編集部私物、Earrings（右下パール）/ 著者私物、Watch（左）/ ウィッカ、(右）/ BABY-G

メガネ・サングラス

Sunglasses（右上）/ Ray-Ban®（編集部私物）、Glasses（左）・Sunglasses（右下）/ Zoff

そのほかの小物

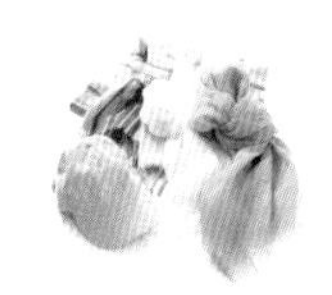

Stole（ベージュチェック）/ estää、(白、青）/ 編集部私物、Cap / 編集部私物

Day1

春×ナチュラルの魅力が輝く デニムスタイル

明るい色でまとめたさわやかなカジュアルスタイル。ボーダーのライトグリーンとデニムのアクアブルーは色のトーンが近いので、きれいに調和します。2色の反対色であるベージュのバッグでアクセントをつけて。アイボリーのパーカを羽織れば、春タイプらしいキュートなスタイルに。トップスをアウトして重心を下げると、バランスが整ってスタイルアップ。

②+⑪+A+E

マキシワンピで ゆったりカフェタイム

ベージュ×アーモンドブラウンの同系色の濃淡配色に、アクセントとして反対色のターコイズブルーをプラス。反対色を入れることでおしゃれ感がグッとアップします。ナチュラルタイプの魅力を引き出すゆったりしたマキシワンピースでリラクシーに。Tシャツを重ね着することで、ネックラインの引き上げとボディのボリュームアップを同時に解決。

①+⑥

イエロー×ブルーでつくる 大人のこなれカジュアル

ブライトイエローに反対色相のアクアブルーを合わせ、元気でフレッシュな雰囲気に。イエローと同系色のキャメル、ブルーと同系色のネイビーが入ったバッグで、コーディネートに奥行きを。ロングカーディガンにワイドパンツで長さを出し、Tシャツもアウトして着ると、ナチュラルタイプらしい着こなしになります。大きめのパールアクセサリーで上品さを添えて。

①+⑫+B+E

Day4

デニムを思いきりさわやかに着こなすには、デニムと同系色で濃淡をつけたターコイズブルーと、オフホワイトを合わせてみて。反対色のベージュやブラウンを小物でとり入れると、洗練された雰囲気になります。アクセサリーはゴールドのフープピアスをチョイス。カジュアルななかにさりげない上品さがプラスされ、肌の血色感もアップ。

③+⑪+C+E

さわやかなデニムコーデで愛犬と散歩

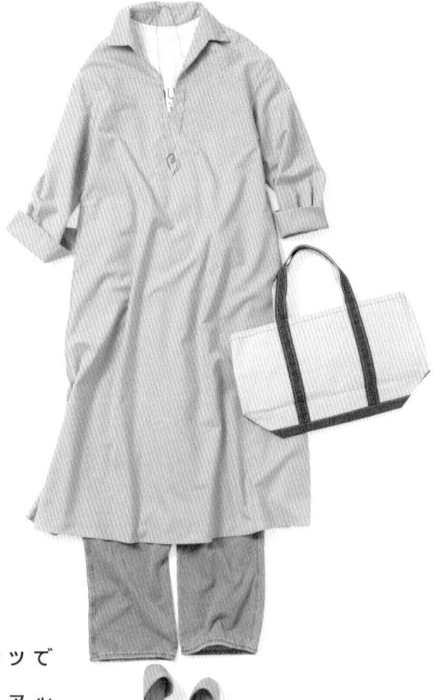

Day5

ワンピースはパンツに合わせて着こなすのもおすすめ。首もとのTシャツとバッグのキャンバス地で抜け感を出して、大人カジュアルなサンダルでこなれた雰囲気に仕上げましょう。ベージュ×ブルーの反対色も、やわらかなトーンだと統一感が出ます。ベージュと同系色の鮮やかなレッドのラインが入ったバッグは、コーディネートのアクセントにぴったり。

①+⑥+⑪+E

ワンピース×パンツでリラックスカジュアル

切手を
お貼り下さい

113-0023

東京都文京区向丘2-14-9

サンクチュアリ出版

『パーソナルカラー春×骨格診断ナチュラル
似合わせBOOK』

読者アンケート係

ご住所　〒□□□-□□□□	
TEL※	
メールアドレス※	
お名前	男 ・ 女 （　　歳）
ご職業 1 会社員　2 専業主婦　3 パート・アルバイト　4 自営業　5 会社経営　6 学生　7 その他	
ご記入いただいたメールアドレスには弊社より新刊のお知らせやイベント情報などを送らせていただきます。 希望されない方は、こちらにチェックマークを入れてください。	メルマガ不要 □

ご記入いただいた個人情報は、読者プレゼントの発送およびメルマガ配信のみに使用し、
その目的以外に使用することはありません。

※プレゼント発送の際に必要になりますので、必ず電話番号およびメールアドレス、
両方の記載をお願いします。

弊社HPにレビューを掲載させていただいた方全員にAmazonギフト券（1000円分）をさしあげます。

『パーソナルカラー春×骨格診断ナチュラル　似合わせBOOK』
読者アンケート

本書をお買上げいただき、まことにありがとうございます。
読者サービスならびに出版活動の改善に役立てたいと考えておりますので
ぜひアンケートにご協力をお願い申し上げます。

■本書はいかがでしたか？　該当するものに○をつけてください。

最悪	悪い	普通	良い	最高
★	★★	★★★	★★★★	★★★★★

■本書を読んだ感想をお書きください。

※お寄せいただいた評価・感想の全部、または一部を（お名前を伏せた上で）弊社HP、広告、販促ポスターなどで使用させていただく場合がございます。あらかじめご了承ください。

▼ こちらからも本書の感想を投稿できます。 ▶

https://www.sanctuarybooks.jp/review/

弊社HPにレビューを掲載させていただいた方全員にAmazonギフト券（1000円分）をさしあげます。

アクティブな色づかいで心も晴れやかに

春×ナチュラルタイプらしい軽やかなパンツスタイル。ブライトイエロー×キャメルは同系色の濃淡配色なので、きれいにまとまります。ロングカーディガンできちんと感を出したい場合は、デニムではなくワイドパンツとシャツを合わせるのがおすすめ。シャツはアウトしてグルカサンダルでさらに重心を下げると、バランスのとれた着こなしが完成します。

③+⑤+⑨+⑪+B

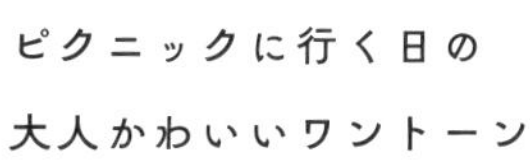

ピクニックに行く日の大人かわいいワントーン

かわいらしい着こなしをしたいときにぴったりな、明るくやわらかい色のワントーンコーデ。ストールは服と同系色のベージュをベースに、ネイビー×ダークレッドのチェック柄でトラッド感を出します。トップスはアウトするか、前だけインしてふんわりと。ホワイトのハイカットスニーカーで足もとにボリュームを出しつつ、さわやかにまとめましょう。

①+④+A

Day8

鮮やかな色をまとって
ショッピングを楽しむ

ターコイズブルーのざっくりニットを主役に、シャツをレイヤードした春×ナチュラルタイプらしいリラックススタイル。コントラストの強い反対色同士は、ホワイトを入れてセパレートするのが着こなしのコツです。シャツは襟を抜いてこなれ感を出し、ヘアアレンジもラフさを意識すると雰囲気にマッチ。仕上げにロングネックレスで重心を下げることも忘れずに。

③+⑤+⑨+C

海辺デートは さわやか&かわいらしく

ライトグリーン×オフホワイト×ベージュで、春風のようなさわやかでやさしいコーディネートに。明るい色の面積が多いほど軽やかな雰囲気になります。カジュアルなトップスにフレアスカートとトングサンダルを合わせると、かわいらしいムードがアップ。小物にはキャメルやブラウンなど明度差をつけた同系色をちりばめて、まとまりと奥行きを出して。

②+④+⑫

ラフなのに洗練された ジャケット×デニム

ベージュの麻ジャケットは、デニムを合わせて袖をまくると一気にこなれた印象に。やわらかいトーンの反対色相なので難なく調和します。インナーはオフホワイトで抜け感を。クリアな色が似合う春タイプと、マットな質感が似合うナチュラルタイプの要素を兼ね備えた春×ナチュラルタイプ。アクセサリーには上品な輝きを、バッグや靴にはマット系を合わせて楽しんで。

①+⑦+⑩+⑪+⑫+E

メリハリ配色で
少年野球の試合を応援

Day11

肌寒い日に重宝するキャメルのマウンテンパーカに、反対色相のターコイズブルーのニットで、メリハリのある色づかいに。小物の色は、服の色を拾ってトーンを変えると簡単にまとまり感がアップします。足もとは厚底スニーカーで重さを出して。ナチュラルタイプはコーディネートのどこかに長さやボリュームを出すとスタイルアップします。

④+⑧+⑪+C

やさしい色に包まれて
ホットヨガへ

Day12

心穏やかに過ごしたい日の、アイボリー×ベージュのワントーンコーデ。同系色のダークブラウンのサンダルを合わせ、トートバッグのレッドをアクティブなアクセントにした、暖色系の統一感のあるスタイルです。ボリュームのあるグルカサンダルには靴下を合わせて、足もともカジュアルに。ワンピースの首もとはあけず、Tシャツをレイヤードして。

①+⑥+A

オフィスOKの やさしいパンツスタイル

やわらかいトーンの色を少しずつ変化させて重ねたコーディネート。アイボリー×ベージュ×キャメルの同系色のグラデーションは、親しみやすくやさしい雰囲気。初対面の仕事相手と会う日におすすめ。ジャケットの袖は少しまくり、麻のストールを無造作に巻いて長さを出せば、ナチュラルタイプらしいこなれ感のあるスタイルに仕上がります。

⑤+⑦+⑨+⑩+⑫+D

カジュアルコーデも色づかいでレベルアップ

ラフな気分にぴったりの、思いきりカジュアルなコーディネート。キャメルとアクアブルーは反対色相ですが、トップスでベージュをとり入れると浮かずになじみます。色で変化をつけることで、ゆったりしたリラックスシルエットもおしゃれに。トートバッグとストールのネイビーなど、小物の色をさりげなくリンクさせると洗練感がグッとアップします。

D+E+F

Column

骨格診断がしっくりこない原因は「顔の印象」

ナチュラルタイプなのにカジュアルが似合わない!?

骨格診断をしていると、「体型はナチュラルなのに、ナチュラルのアイテムがしっくりこない」という方が時々います。その場合、考えられる理由は「顔の印象」と「パーソナルカラーがもつイメージ」とのギャップ。

たとえば、目鼻立ちがはっきりしていて、パーソナルカラーが冬タイプの方。シャープできれいめな色とデザインが似合うタイプなので、本来ナチュラルタイプに似合うはずのラフなアイテムが似合いにくいケースがあるのです。

パーソナルカラー診断では「似合う色」を、骨格診断では「似合う形と素材」を見極めますが、加えてサロンでおこなっているのが「似合うファッションテイスト」を見極める『顔診断』。

顔診断では、「顔の縦横の比率」「輪郭や顔のパーツが直線的か曲線的か」「目の形や大きさ」などにより、顔の印象を4つのタイプに分類します。

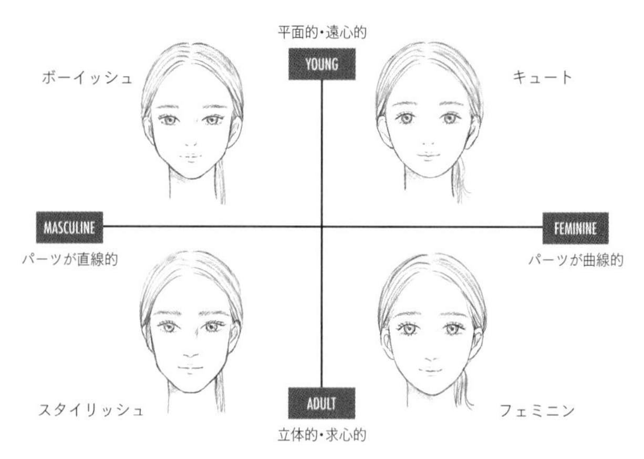

顔の印象に近づける、似合わせのコツ

ナチュラルタイプなのにナチュラルのアイテムが似合いにくいのは、大人顔の「スタイリッシュ」「フェミニン」タイプ。「スタイリッシュ」タイプの方は、顔まわりを直線的なデザインにして、素材を少しきれいめにするのがポイント。しわ加工の強いシャビーなものは避け、厚手できれいめの素材を選ぶとしっくりきます。

「フェミニン」タイプの方は、顔まわりを曲線的なデザインにして、素材を少しやわらかくするのがポイント。骨が長くても太くない方が多いタイプなので、フィット感もダボダボではなく、ややゆったり程度にするとちょうどいいです。

Chapter 2

なりたい自分になる、春×ナチュラルタイプの配色術

ファッションを色で楽しむ配色のコツ

ファッションに色をとり入れるのはハードルが高くて、気がつけばいつも全身モノトーン……。そんな方も多いのではないでしょうか？

でも、自分のパーソナルカラーを知ったいまならチャレンジしやすいはず。ぜひ積極的に似合う色をとり入れて、バリエーション豊かな着こなしを楽しんでいただきたいなと思います。

この章からは、色のあるアイテムをとり入れるときに役立つ「配色」のコツをご紹介。

配色とは、2種類以上の色を組み合わせること。相性のいい色同士もあれば、組み合わせるとイマイチな色同士もあり、配色によって生まれる雰囲気もさまざまです。

すてきな配色に見せる基本ルールを知っておくと、なりたいイメージやシチュエーションに合わせて自在に色を操れるようになり、ファッションがもっと楽しくなります。

すてきな配色に見せるには

40ページで、色味の違いを「色相」、明度や彩度の違いを「トーン」と呼ぶとお伝えしました。配色で重要なのは、この「色相」と「トーン」の兼ね合いです。

- **色相を合わせるなら、トーンを変化させる。**
- **色相を変化させるなら、トーンを合わせる。**

これが配色の基本セオリー。どういうことなのか、コーディネートに使える6つの配色テクニックとともにくわしく説明していきますね。

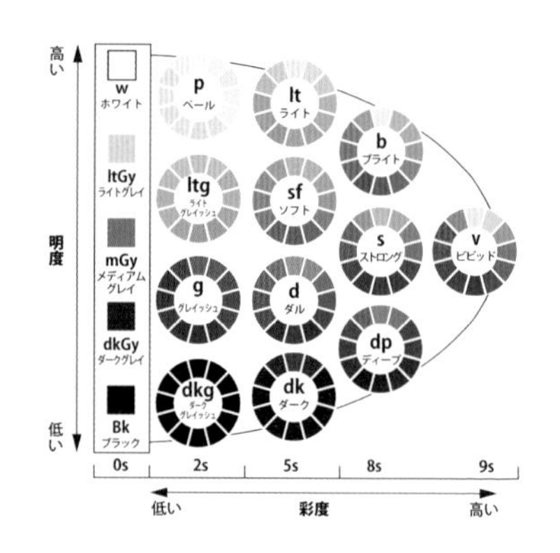

色相を合わせる

色相環で近い位置にある色同士（色味が似ている色同士）を組み合わせるときは、トーンを変化させます。たとえばオレンジ系の色同士を配色するなら、明度や彩度の異なるオレンジを組み合わせる、といった感じ。色相を合わせる配色のことを「ドミナントカラー配色」といいます。

色相環で近い色味でまとめ、トーンは変化をつけて選択。

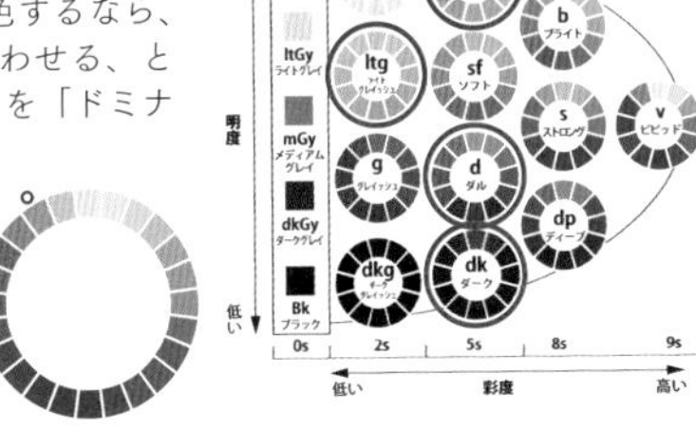

トーンオントーン

ドミナントカラー配色のなかでもコーディネートに使いやすいのが「トーンオントーン配色」。トーンのなかで比較的「明度」の差を大きくつける方法です。色相（色味）のまとまりはありながらも、明るさのコントラストがはっきり感じられる配色です。

色相環で近い色味（同一も含む）でまとめ、トーンは縦に離す。明度差を大きくとって選択。

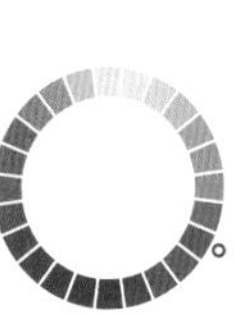

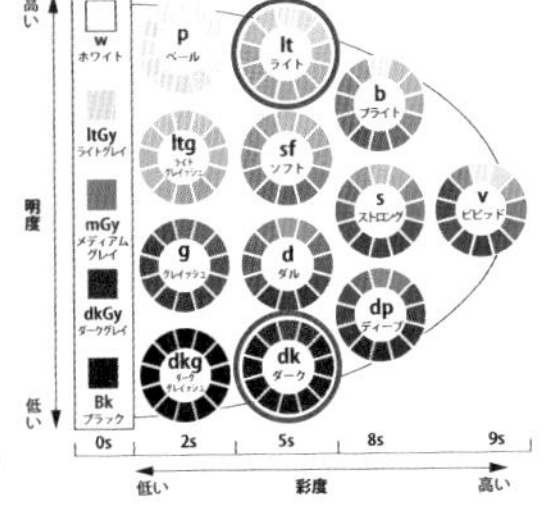

トーンを合わせる

色相環で遠いところにある色相同士（色相に共通性がない反対色）を組み合わせるときは、トーンを合わせます。明度や彩度が似ている色同士を組み合わせると、きれいな配色になります。トーンを合わせる配色のことを「ドミナントトーン配色」といいます。

トーン図で近いトーンでまとめ、色相は変化をつけて選択。

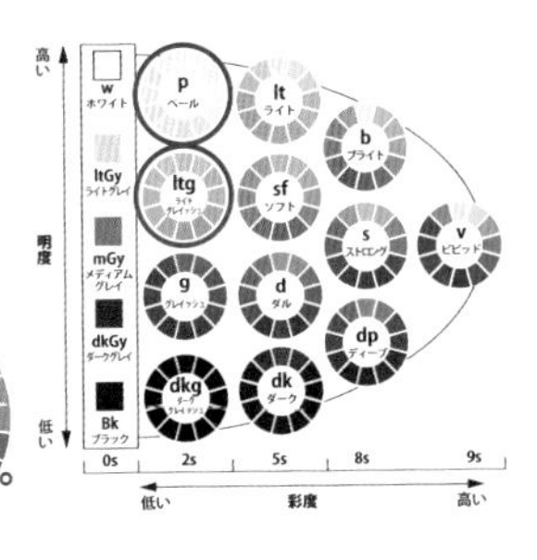

色相・トーンを合わせる（ワントーン配色）

色相・トーンともにほとんど差のない色同士をあえて配色することもあります。ファッション用語では「ワントーン」と呼ばれたりもします。専門用語では「カマイユ配色」や「フォカマイユ配色」（カマイユ配色より色相やトーンに少し差をつけた配色）と呼ばれる穏やかな配色で、その場合は異なる素材のアイテム同士を組み合わせるとおしゃれです。

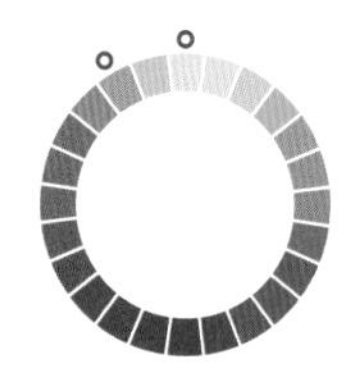

色相、トーンともに色相環・トーン図で近い色で選択。

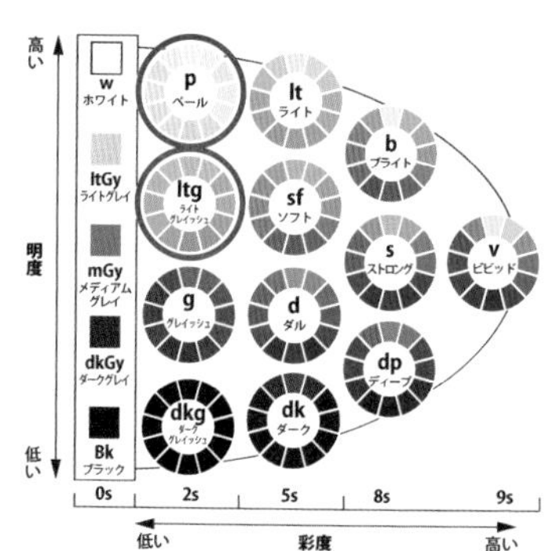

色相・トーンを変化させる（コントラスト配色）

一方、色相やトーンが対照的な色同士を組み合わせると、コントラストがはっきりした配色になります。代表的な配色としては、2色の組み合わせの「ビコロール配色」、3色の組み合わせの「トリコロール配色」があります。

色相やトーンを、色相環・トーン図で離れた色で選択。

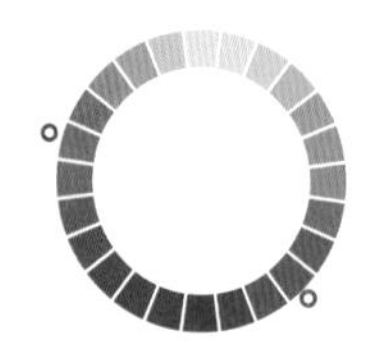

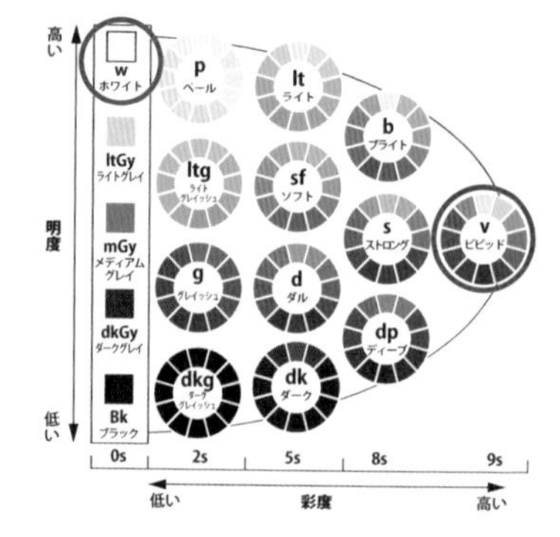

アクセントカラーを入れる

コーディネートが単調で物足りないときに使うといいのが「アクセントカラー」(強調色)。少量のアクセントカラーをとり入れるだけで、配色のイメージが驚くほど変わります。アクセントカラーは、ベースカラーやアソートカラーの「色相」「明度」「彩度」のうち、どれかの要素が大きく異なる色を選ぶのがポイント。

ベース、アソートに対して、反対の要素の色を入れる(この場合はトーン図で主に横に離れた、彩度が反対の色)。

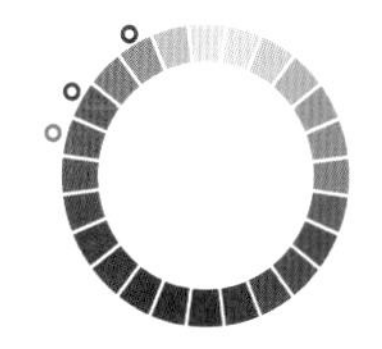

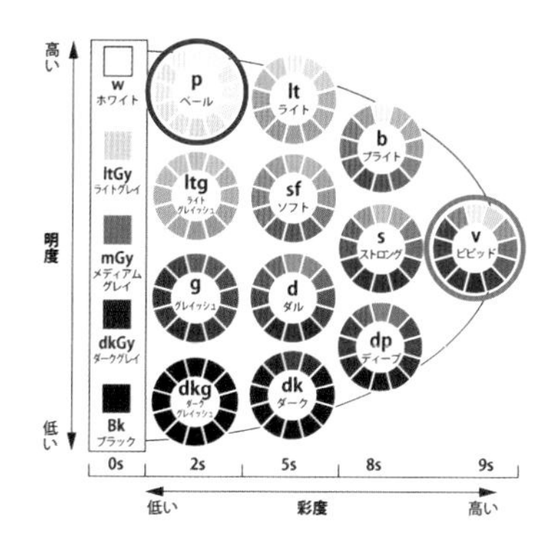

セパレートカラーを入れる

色と色の間に無彩色(白・グレー・黒など色味のない色)や低彩度色(色味の弱い色)を挟む方法。色相・トーンの差が少ない似た色同士の間にセパレートカラーを挟むと、メリハリが生まれます。また、組み合わせると喧嘩してしまうような色同士の間に挟むと、きれいにまとまります。ニットの裾からシャツを覗かせたり、ベルトをしたり、セパレートカラーを使うときは少ない面積でとり入れるのがポイント。

間に白を入れることで、2色の色の違いが際立ち、すっきりとした印象に。

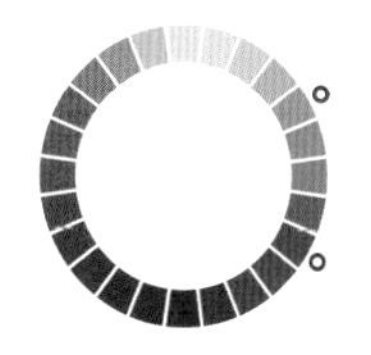

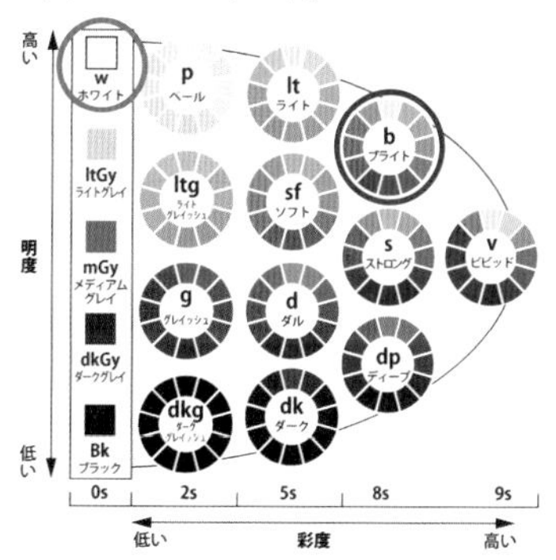

どの色を着るか迷ったときは？色の心理的効果

自分に似合う色を知っていても、どの色を着ればいいのか迷うことがあるかもしれません。そんなときは、「今日1日をどんな自分で過ごしたいか」から考えてみるのはいかがでしょうか。色によって得られる心理効果はさまざま。色の力を借りれば、新しい自分や新しい日常と出会えるかも！

エネルギッシュに過ごしたい日は

RED レッド

炎や血液を彷彿とさせる、エネルギッシュで情熱的なレッド。大脳を刺激して興奮させる効果があります。

- 自分を奮い立たせて、やる気を出したい日に
- 自信をもって過ごしたい日に
- ここぞという勝負の日に

社交的に過ごしたい日は

ORANGE オレンジ

太陽の光のようにあたたかく親しみがあり、活動的なオレンジ。新しい環境や出会いの場におすすめの色です。

- 積極的にコミュニケーションをとりたい日に
- 陽気な気分で過ごしたい日に
- カジュアルな着こなしをしたい日に

思いきり楽しく過ごしたい日は

YELLOW イエロー

明るく元気なイメージのイエロー。目立ちやすく、人の注意を引く色なので、信号機や標識にも使われます。

- ポジティブに過ごしたい日に
- まわりから注目されたい日に
- 知的好奇心やひらめき力を高めたい日に

リラックスして過ごしたい日は

GREEN グリーン

調和・平和・協調など、穏やかな印象をもつグリーン。自然や植物のように心身を癒やしてくれるヒーリングカラー。

- 心身にたまった疲れを癒やしたい日に
- 些細なことでクヨクヨしてしまう日に
- 穏やかな気持ちでいたい日に

冷静に過ごしたい日は

BLUE ブルー

寒色の代表色で、冷静・信頼・知性などを連想させるブルー。血圧や心拍数を低減させ、気持ちの高揚を鎮める作用があります。

- 心を落ち着かせたい日に
- 考えごとやタスクが多く、焦っている日に
- 理知的な雰囲気を演出したい日に

個性的な自分で過ごしたい日は

PURPLE パープル

古くから高貴な色とされてきたパープル。正反対の性質をもつレッドとブルーからなるため、神秘的な魅力があります。

- 我が道を進みたい日に
- ミステリアスな魅力をまといたい日に
- 格式高い場所へ行く日に

思いやりをもって過ごしたい日は

PINK ピンク

精神的な充足感を与えてくれるピンク。女性ホルモンであるエストロゲンの働きを高め、肌ツヤをアップさせる作用も。

- まわりの人たちにやさしくしたい日に
- 幸福感を感じたい日に
- 誰かに甘えたい日に

堅実に過ごしたい日は

BROWN ブラウン

大地のようにどっしりとした安定を表すブラウン。ダークブラウンはクラシックなイメージの代表色でもあります。

- コツコツがんばりたい日に
- 自然体でいたい日に
- 高級感を演出したい日に

自分を洗練させたい日は

GRAY グレー

日本を代表する粋な色、グレー。「四十八茶百鼠」という言葉があるように、江戸時代の人は100種以上ものグレーを生み出したそう。

- こなれ感を出したい日に
- シックな装いが求められる日に
- 控えめに過ごしたい日に

新しいスタートを切りたい日は

WHITE ホワイト

白無垢やウェディングドレス、白衣など、清く神聖なものに使われるホワイト。純粋さや清潔さを感じさせる色です。

- 新しいことを始める日に
- 素直でありたい日に
- まわりの人から大切にされたい日に

強い自分でありたい日は

BLACK ブラック

強さや威厳、都会的などのイメージをもつブラック。1980年代以降、ファッション界で圧倒的な人気を誇ります。

- 強い意志を貫きたい日に
- プロフェッショナル感を出したい日に
- スタイリッシュな着こなしをしたい日に

11色で魅せる、
春×ナチュラルタイプの配色コーディネート

PINK 1

ピンク

甘めカジュアルで
花が咲き誇る公園を散歩

ナチュラルタイプが得意なカジュアルアイテムを淡いトーンで合わせ、色で甘さを出したコーディネート。ひな祭りを思わせるコーラルピンク×黄緑で、春らしくかわいらしい雰囲気に。大きめベージュロゴのカレッジ風Tシャツは、春×ナチュラルにぴったり。着丈が長すぎるときは前だけインしてブラウジングして。ボリュームスニーカーで重心を下げてバランスよく。

#春のスイートカジュアルスタイル
#カレッジ風Tでラフに
#桜餅色コーデ

②トーンを合わせる

T-shirt / 編集部私物
Skirt / marvelous by Pierrot
Sneakers / New Balance
Bag / L.L.Bean
Stole / 編集部私物
Earrings / 編集部私物

ピンク
PINK 2

やわらかな春色の上品デニムコーデ

反対色相のコーラルピンク×アクアブルーは、淡いトーンで合わせると調和してさわやかさとかわいらしさがアップ。シャツのボタンは上までとめて、代わりにデニムからアウトしてリラックス感を出して。パールアクセサリーはブルーデニムと好相性。レザーバッグ、チャンキーヒールのサンダル、サングラスで色の甘さを抑え、大人っぽさをプラスしましょう。

#デニムでつくる上品カジュアル
#淡いトーンの反対色相
#小物で大人っぽさアップ

②トーンを合わせる

Shirt / KOBE LETTUCE
Jeans / WEGO
Sandals / welleg
Bag, Earrings, Necklace / marvelous by Pierrot
Sunglasses / Zoff
Watch / ウィッカ

似合うピンクの選び方

濁りのないクリアな明るいピンク、ぬくもりを感じるピーチピンク、コーラルピンクやオレンジに近いライトサーモンは、春タイプの肌を血色よく見せ、キュートな雰囲気に。反対に、濁りや青みの強いモーブピンクや暗いマゼンタは、顔色が悪く見えてしまいます。

似合うピンク

ピーチピンク

コーラルピンク

ライトサーモン

苦手なピンク

モーブピンク

オーキッド

マゼンタ

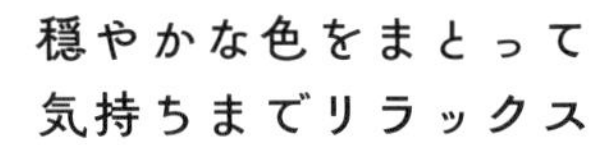

穏やかな色をまとって気持ちまでリラックス

黄緑×ベージュの配色でつくるリラックススタイル。明るいパステルカラーはベージュと合わせやすく、トーンが近いためきれいにまとまります。シャツワンピがおしゃれに決まるのはナチュラルタイプだからこそ。乳白色の象牙風アクセサリーは、春タイプのカラーパレットのどの色とも相性抜群。存在感のあるデザインのものをワンセットもっておくと便利。

#リラックスしたい日の新緑カラー
#明るめマイルド配色
#春×ナチュラルらしい象牙風アクセ

②トーンを合わせる

One piece, Pants / KOBE LETTUCE
Pumps / welleg
Bag / marvelous by Pierrot
Stole / FURLA
Earrings / 編集部私物
Necklace / 著者私物
Bangle / VENDOME BOUTIQUE

グリーン
GREEN 2

お気に入りのカフェで旅エッセイを読む

クリームイエロー×ブライトグリーンはトーンの差があるメリハリ配色。小物はシャツと同系色でそろえて、サングラスとサンダルでダークカラーをプラスすると、おしゃれな場所にもはまるスタイリッシュコーデに。ガーゼ素材のシャツはウエストの少し低めの位置でリボンをゆるく結び、重心を下げます。ウエストを絞りすぎると肩幅が強調されるので気をつけて。

#鮮やかカラーのパンツスタイル
#コントラスト配色
#ストローバッグで抜け感を足す

④コントラスト配色

Tanktop, Shirt, Pants, Sandals / KOBE LETTUCE
Bag / Trysil
Earrings, Bracelet / VATSURICA
Sunglasses / Ray-Ban®（編集部私物）

似合うグリーンの選び方

春タイプに似合うグリーンは、新緑のようなフレッシュでみずみずしい黄緑。明るくクリアな黄緑を選ぶことで、もち前の透明感のある肌がより美しく見える効果が期待できます。暗いオリーブグリーン、青みの強いマラカイトグリーンは、顔色が悪く見えてしまうので注意を。

似合うグリーン

パステルイエローグリーン　アップルグリーン　ブライトイエローグリーン

苦手なグリーン

オリーブグリーン　マラカイトグリーン　パイングリーン

オレンジ
ORANGE 1

大人のアメカジは
上品＆アクティブに

ナチュラルタイプが得意な大きめチェック柄を主役にした、大人っぽい色づかいのアメカジ風スタイル。ベージュやキャメルなどオレンジ系の同系色をメインに、補色色相（真反対の色相）のネイビーをアクセントでプラス。服の柄や小物で少量ずつとり入れることで、元気ななかに品のよさも演出できます。トレーナーの下に重ねたロンTは、首もとと裾からチラ見せして抜け感を出して。

アメカジを大人っぽく
個性が光るカジュアルコーデ
トップスのレイヤードのコツ

①色相を合わせる

⑤アクセントカラーを入れる

T-shirt, Sweatshirt / AMERICAN HOLIC
Skirt / KOBE LETTUCE
Socks / 無印良品（編集部私物）
Sneakers / 卑弥呼
Bag / L.L.Bean
Earrings / VATSURICA
Cap / UNIQLO（編集部私物）

オレンジ
ORANGE 2

日曜日は早起きして 近所の朝マルシェに

オレンジのローゲージニットにベージュのカーゴパンツを合わせ、全体を同系色でまとめたカジュアル＆ヘルシーなコーディネート。バッグやストール、首もと・袖口にオフホワイトを少し入れることで抜け感を出して。ストールは無造作に巻いてラフさをプラス。足もとはミディアムブラウンのサイドゴアブーツを合わせ、ボリュームを出しつつ色で引き締めます。

#朝から元気なビタミンカラー
#カジュアルを思いきり楽しむ
#たくさん歩けておしゃれ

①色相を合わせる

⑤アクセントカラーを入れる

Long T-shirt / antiqua
Knit / KOBE LETTUCE
Pants / WEGO
Boots / MAMIAN
Bag / LOUIS VUITTON(著者私物)
Stole / 著者私物
Earrings / 編集部私物

似合うオレンジの選び方

淡いアプリコットから鮮やかなオレンジまで幅広く着こなせる春タイプ。明るくクリアなオレンジを選ぶことで、ライトブラウンの髪と瞳が輝きを増し、その場にいるだけでまわりがパッと明るくなるような魅力があふれます。一方、暗く濁ったテラコッタは顔色が沈みがちなので気をつけて。

似合うオレンジ

アプリコット

ライトオレンジ

ブライトコーラル

苦手なオレンジ

テラコッタ

ホワイト
WHITE 1

ここぞという日に着たい オールホワイト

大切な人と会う日や記念日など、特別な日にぜひ試してほしいオールホワイトのワントーンコーデ。色味とトーンがほとんど一緒のカマイユ配色で、小物はブラウン系グラデーションでそろえます。反対色の淡いブルーをストールで少量とり入れてやわらかなアクセントに。立体感のあるファーのジレは、ナチュラルタイプだからこそかわいく着こなせるアイテムです。

かわいくいたい特別な日に
ファーと小物でぬくもりを添えて
淡いブルーでさりげなく上品に

③色相・トーンを合わせる

Knit, Gilet / marvelous by Pierrot
Jeans / KOBE LETTUCE
Pumps / MAMIAN
Bag / Trysil
Stole / Luna Luce Roca
Earrings / VENDOME BOUTIQUE
Necklace / MISTY
Watch / ウィッカ

ホワイト
WHITE 2

知性が漂う 大人のプレッピーカジュアル

ホワイトのワントーンをカジュアルに落とし込んだプレッピースタイル。色味とトーンに少しだけ差をつけたフォカマイユ配色に、ポイントでブラックをとり入れてコーディネートを引き締めます。カジュアルなリュックはナチュラルタイプが得意なアイテム。ボリュームのあるソールのブーツで重心を下げ、メガネとひと粒パールのピアスで知的さもプラス。

#大人のプレッピースタイル
#シャツと合わせたいラインベスト
#リュックでカジュアル感アップ

③色相・トーンを合わせる

Shirt / Ralph Lauren(編集部私物)
Knit vest / 編集部私物
Skirt / KOBE LETTUCE
Boots / 卑弥呼
Backpack / Trysil
Earrings / 著者私物
Glasses / Zoff

似合うホワイトの選び方

ほんのり黄みがかったアイボリー、生成りのようなぬくもりのあるホワイトがおすすめ。春タイプの透明感のある肌によくなじみ、健康的な魅力を放ちます。真っ白だと浮いてしまうので注意して。パールのネックレスやピアスなども、やさしくまろやかな色を選ぶと白浮きしません。

似合うホワイト

アイボリー　オフホワイト　バニラホワイト

苦手なホワイト

ピュアホワイト

レッド
RED 1

軽快な色づかいで
フットワークまで軽くなる

朱赤〜オレンジ系色相でまとめた同系色の濃淡配色でつくる、快活なコーディネート。黄みのあるオレンジレッドは春タイプが得意な色。鮮やかな色はホワイトでコントラストを和らげると着こなしやすくなります。ゆったりとしたダブルジャケットを合わせれば、仕事での外出にもマッチ。フルレングスのワイドパンツと重めのローファーでバランスよく。

オレンジレッドでアクティブに
同系色の濃淡配色
計算された美バランスコーデ

①色相を合わせる

T-shirt, Bag / SHOO・LA・RUE
Jacket / ザ・スーツカンパニー
Pants / marvelous by Pierrot
Loafers / welleg
Stole / 編集部私物
Earrings / H&M（編集部私物）
Necklace / PLUS VENDOME

レッド
RED 2

フレンチカジュアルで シャンゼリゼ通りを散歩

コントラストのきいた鮮やかなレッド×ブルーデニム×ホワイトは、春×ナチュラルタイプ版トリコロール配色。服と色味をリンクさせたストールとボアリュックで、ポップなイメージのなかに春タイプらしいぬくもりをプラスして。デニムのブルーが明るいので、より元気でカジュアルな雰囲気に。デニムと相性抜群のパールネックレスを合わせれば、ほどよい上品さが生まれます。

ポップなトリコロール配色
気分はパリジェンヌ
ふんわり小物でぬくもりをプラス

④色相・トーンを変化させる

Sweat shirt / antiqua
Skirt / YECCA VECCA
Sneakers / CONVERSE
Backpack / 編集部私物
Stole / estää
Earrings / 著者私物
Necklace / 編集部私物
Glasses / Zoff

似合うレッドの選び方

多種多様なレッドのなかでも、黄みがかった明るく鮮やかな朱赤を選ぶことで、髪や瞳がキラキラと輝きを増し、春タイプのフレッシュな美しさが引き立ちます。ワインレッドやレンガ色などの暗い赤は、顔に影が入り重たくなってしまうので顔まわりは避けて。顔から遠いボトムスだととり入れやすくなります。

似合うレッド

クリアオレンジレッド

ブライトレッド

苦手なレッド

レンガ

ワインレッド

バーガンディー

イエロー
YELLOW

イエローを重ねて フレッシュ＆リラックス

ナチュラルタイプが得意なゆったりめのシャツとワイドパンツの組み合わせも、明るいトーンのイエローを重ねるとフレッシュな雰囲気になります。バッグのグリーンのパイピングでさわやかなアクセントをプラス。小物は春タイプが得意なベーシックカラーのアーモンドブラウンでまとめて。シャツは袖をまくり、裾はアウトしてラフに着るとこなれ感がアップします。

#爽快感のあるシャツコーデ
#ゆったりシルエット
#バッグのパイピングがアクセント

①色相を合わせる

⑤アクセントカラーを入れる

T-shirt / ZARA（著者私物）
Shirt / 編集部私物
Pants / KOBE LETTUCE
Sandals / welleg
Bag / cache cache
Earrings / H&M(編集部私物)
Glasses / Zoff
Watch / SHEEN

似合うイエローの選び方

イエローはキュートなイメージの春タイプによく似合う色。顔立ちがやさしい方は、カスタードクリームのようなまろやかなイエローがおすすめ。目もとがはっきりした方は、鮮やかなイエローがとても似合います。同系色のオレンジや黄緑と合わせるとよりフレッシュで元気な印象に。同じイエロー系でも、暗いゴールドや濁ったマスタードは苦手です。

似合うイエロー

クリームイエロー　ライトクリアゴールド　ブライトイエロー

苦手なイエロー

ゴールド　マスタード　レモンイエロー

ブルー
BLUE

青空みたいな麻シャツでさわやかに

春×ナチュラルタイプらしいライトターコイズの麻シャツを主役にしてさわやかに。ボトムスは反対色相のベージュを合わせるとグッとおしゃれになります。小物はベージュ、キャメル、ブラウンの同系色濃淡でまとまりを。アイボリーの麻ストールは、首にラフに巻いて抜けとボリュームをプラス。ストールはリーズナブルなものも多いので、色違いでそろえておくと便利。

澄みわたる青空コーデ
麻シャツでラフに決める
ストールでコーデをアレンジ

②トーンを合わせる

Shirt, Earrings / 編集部私物
Pants / UNIQLO（編集部私物）
Sandals / KOBE LETTUCE
Bag / cache cache
Stole / 編集部私物
Bangle / VENDOME BOUTIQUE
Sunglasses / Ray-Ban®（編集部私物）

似合うブルーの選び方

イエローベースに似合うブルーは、やや緑みを感じるターコイズブルー。なかでも、澄んだ海を連想させる明るいアクアブルーや鮮やかなターコイズは、春タイプにとくにおすすめの色です。夏タイプに属するスカイブルーに近い色も、さわやかに着こなせます。暗く濁ったブルーは、春タイプの肌の透明感を消してしまうので、避けるのがベター。

似合うブルー

アクアブルー　ライトターコイズ　ブルーバード

苦手なブルー

ダークターコイズ　グレイッシュブルー　ロイヤルブルー

パープル
PURPLE

クリスマスデートは洗練パープルで品よく

ライトキャメルのロングコートは、肌の血色がよく見えて重心も下がる、春×ナチュラルタイプにぴったりのアウター。反対色相のパープルを合わせれば一気にノーブルに。やさしいトーンのキャメルなので、反対色相でもしっとりなじみます。キャメルと同系色のべっ甲柄ピアスを大人っぽいアクセントにしたら、ストールとブーツはオフホワイト系で抜け感をプラスして。

#春×ナチュラルのおすすめ冬アウター
#パープルは高貴な色
#おしゃれと防寒の両立

④色相・トーンを変化させる

Knit, Skirt / antiqua
Coat / ザ・スーツカンパニー
Boots / 卑弥呼
Bag / Faviora faux fur
Stole/ FURLA
Earrings / VATSURICA

似合うパープルの選び方

個性的な雰囲気のあるパープル。春タイプには、パンジーやすみれの花のように明るく鮮やかなパープルがおすすめです。一見難しそうに感じる色ですが、春タイプが身につければ明るい肌・髪・瞳の色と調和して、派手すぎない華やかさが生まれます。濁ったパープルは顔がぼんやりし、暗めのパープルは、顔のなかの影が強調されてしまいます。

似合うパープル

クロッカス

スィートバイオレット

苦手なパープル

レッドパープル

ディープバイオレット

ロイヤルパープル

ブラウン
BROWN

こなれたグラデーションでデザインフェスタへ

トーンの異なるアースカラーを重ねた、ナチュラルでまとまりのあるドミナントカラー配色。春タイプは明るめのベージュやキャメルを多く使うと、マイルドな雰囲気のコーディネートに。カジュアルなロゴTシャツも、ロングジレとストレートのロングスカートを合わせると大人っぽくなります。足もとはグルカサンダルで重心を下げつつ、歩きやすさも確保。

#明るいアースカラーでマイルドに
#センスが光るグラデーション
#カジュアルTを大人っぽく

①色相を合わせる

T-shirt, Gilet / marvelous by Pierrot
Skirt, Bag / KOBE LETTUCE
Sandals / welleg
Earrings / LAKOLE（編集部私物）
Glasses / Zoff
Watch / SHEEN

似合うブラウンの選び方

春タイプの明るい肌や瞳の色をきれいに見せてくれるのは、黄みのライトブラウン系。キャメルやアーモンドブラウンなど、明るめのブラウンがよく似合います。濁りの強い色や暗い色は苦手な傾向にあるので、赤みのココア、ダークブラウンなどを使うときは、顔まわりを避けましょう。

似合うブラウン

アーモンドブラウン

ゴールデンタン

ライトキャメル

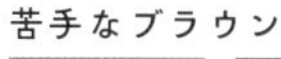

苦手なブラウン

ココア

ローズブラウン

ネイビー

NAVY

親子でディズニーランドをめいっぱい満喫

ネイビー×オレンジの補色を使ったロゴTシャツに、ネイビーと同系色のデニムを合わせた、子どもとアクティブに過ごす日の大人カジュアルスタイル。明るいアイボリーのスウェットを腰に巻いてセパレートすると暗くなりすぎません。少し低めのウエスト位置でゆるく結び、重心を下げることを意識して。小物にもベージュやアイボリーをちりばめて軽やかに。

#シックな色の大人カジュアル
#明るい色でセパレーション
#小物でアクティブ感アップ

⑤アクセントカラーを入れる

⑥セパレートカラーを入れる

T-shirt / mite
Sweat shirt / L.L.Bean Japan Edition
Jeans / marvelous by Pierrot
Sneakers / CONVERSE
Bag, Cap / L.L.Bean
Earrings / H&M（編集部私物）
Watch / BABY-G

似合うネイビーの選び方

春タイプには、明るめで少し黄みを感じるライトネイビーがおすすめです。青紫などの青みを感じない、軽やかなネイビーを選びましょう。暗い色は重い印象になり苦手なので、濃紺を着なくてはいけないときは、顔まわりから離れたところで使用するようにしましょう。

似合うネイビー

ライトネイビー

苦手なネイビー

ソフトネイビー

ネイビーブルー

ブラック
BLACK

英会話教室で学ぶ日のモダンカジュアル

ブラックを着るときは、明度の差が大きいホワイトと合わせてモダンなコントラスト配色に。顔まわりにやさしいアイボリーを配置して、春タイプの明るくやわらかな肌をより美しく見せます。シャツ×ニットのレイヤードは、カジュアルななかにきちんと感がプラスされ、立体感も出るのでおすすめ。肌や髪にマッチする明るい黄みブラウンのサングラスで遊びを入れて。

 # ブラックは顔から離して使う
 # 真っ白より色味のあるホワイトを
 # カジュアル×きちんとの絶妙バランス

④コントラスト配色

Shirt, Skirt / GU（編集部私物）
Knit / SHOO・LA・RUE
Sneakers / CONVERSE
Socks, Backpack / 編集部私物
Earrings / 著者私物
Sunglasses / Zoff

似合うブラックの選び方

有彩色（色味をもつ色）のなかで最も暗いブラックは､春タイプがやや苦手な色。光沢のある強い黒ではなく、できるだけソフトな明るい黒を選ぶのがおすすめです。コーディネートを組むときは、ボトムスやバッグなど顔から離れたところで使うと、顔が暗く見えずシックにまとまります。

似合うブラック

ソフトブラック

苦手なブラック

ブラック

Column

「似合う」の最終ジャッジは試着室で

買う前に試着、していますか？

さまざまなファッション理論をもとに「似合う」の選び方をお伝えしてきましたが、いざ購入する前にできるだけしていただきたいこと、それは「試着」です。

人の肌の色や体のつくりは、パーソナルカラーや骨格タイプが同じ方でもおひとりずつ微妙に異なります。アイテムの色や形やサイズ感が自分に本当に似合うかどうかは、実際に身につけてみなければ厳密にはわかりません。

いまは、オンラインストアの商品を自宅や店舗で試着できるサービスもありますので、できれば購入前に試してみることをおすすめします。

試着しても自分に似合っているのかどうかイマイチわからないという方は、下のチェックリストをぜひ参考にしてみてください。

春×ナチュラルタイプの試着チェックリスト

- □ 着脱しやすい服で行く
- □ 普段の外出時につける下着をきちんと身につける
- □ コーディネートしたい服や靴で行く
- □ 合わせ鏡で後ろ姿まで見えるように、手鏡を持参する
（スマホのインカメラでもOK。購入前の商品の撮影はマナー違反になる場合があるため注意）

- □ 肌色が血色よく元気よく見えるか
- □ アイテムの色に青みがあり、顔が青白くなっていないか
- □ アイテムの色が暗すぎ・濁りすぎていて、顔が暗く沈んでいないか

- □（トップス）肩幅が広く見えすぎて、バランスが悪くなっていないか
- □（トップス）鎖骨や肩関節が目立ちすぎていないか
- □（トップス・ボトムス）服と体の間に十分なゆとりがあるか
- □（トップス・ボトムス）素材がフラットでシンプルすぎて、寂しく見えないか
- □（トップス・ボトムス）素材がやわらかすぎて骨感が目立っていないか
- □（ボトムス）腰やお尻のラインを拾いすぎず、適度なボリュームが出ているか
- □（パンツ）靴と合わせたとき、足首が隠れる丈になっているか

Chapter 3

春×ナチュラルタイプの魅力に磨きをかけるヘアメイク

春×ナチュラルタイプに似合う
コスメの選び方

最高に似合う鉄板メイクを見つけよう

顔に直接色をのせるメイクは、パーソナルカラーの効果を実感しやすい重要なポイント。似合う服を着ていても、メイクの色がイマイチだと「似合う」が薄れてしまいます。

逆にいうと、本来得意ではない色の服を着たいときや着なければいけない事情があるときは、メイクを似合う色にすれば服の色の影響を和らげることが可能。とくにチークとリップを似合う色で徹底するだけで、顔色がよくなりいきいきと輝きます。

「コーディネートに合わせてメイクも変えなくては」と思っている方も多いかもしれませんが、自分に最高に似合う鉄板メイクが見つかれば、毎日同じメイクでも大丈夫。決まったコスメを使っていればいつもきれいでいられるなんて、忙しい日常を送る私たちにはうれしいですよね。

もちろん、自分に似合うメイクパターンをいくつかもっておいて、コーディネートやシーンに合わせて使い分ける楽しみもあります。どちらでも、ご自身に合うメイク方法を試してみてください。

春×ナチュラルタイプがコスメを選ぶときのコツ

明るいアイボリー系やピンク系の肌で、髪や瞳も明るめの方が多い春タイプ。コスメを選ぶときのキーワードは「黄み」「明るい」「クリア」です。

店頭では、青みではなく黄みがかった色かどうか、明るくてくすみがなくきれいな色かどうかをチェック。似合う色を選ぶと、肌の血色感がさらに高まります。くすみや濁りが苦手なので、暗めの色を選びたいときもクリアな色をセレクトしましょう。

ナチュラルタイプはマットな質感が得意ですが、春×ナチュラルタイプの場合、顔にダイレクトに影響を与えるメイクは「ツヤ」を優先して。ラメやパールも似合うので、繊細なゴールドやオーロラ系をチョイス。

おすすめのメイクアップカラー

アイシャドウ

明るくクリアな色が似合います。オレンジ系やピーチピンク系、ブラウンならアーモンドのような軽やかな色をつけると、瞳の虹彩の明るさとマッチして魅力的な目もとに。秋冬でも明るめメイクがおすすめ。

チーク

オレンジ系のパステルカラーなど、明るくクリアな色で頬をふっくらと。青みを感じるくすんだモーブピンク系は顔が青白く見え、レンガ色などの暗い色は顔色も一緒に沈んでしまいます。

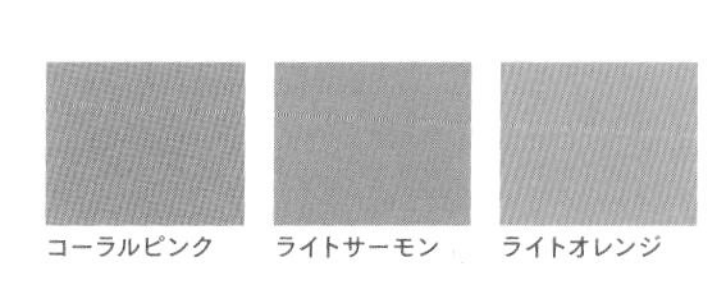

リップ

ピーチ系のピンクやライトサーモンなど、黄みのある明るい色をチョイス。マット系ではなく適度なツヤ感や透け感のあるタイプを選ぶと、春×ナチュラルタイプの軽やかで親しみやすい雰囲気にマッチします。

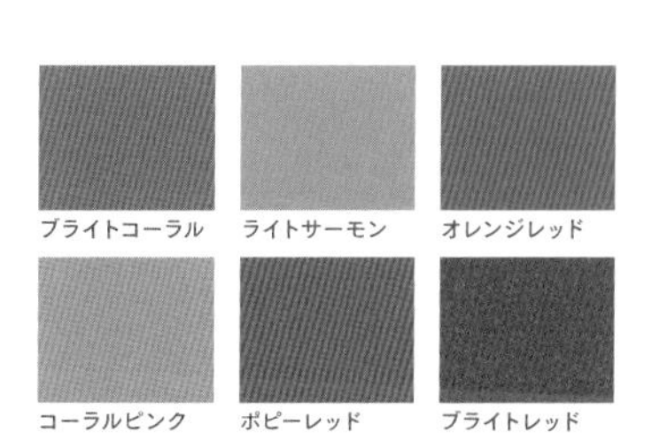

アイブロウ・アイライナーなど

ブラウン系のなかでも、黄みを含んだ色のものを。アーモンドやベージュなど、軽さがあって明るい色がおすすめです。

高の顔になる、
ナチュラルタイプの
ストコスメ

オレンジレッドが映える華やかメイク

鮮やかなオレンジレッドのリップを主役にすると、大人っぽく華やかな雰囲気に。全体を明るくクリアな色でまとめているので、春×ナチュラルタイプらしいフレッシュさも健在。普段づかいはもちろん、おめかしコーデにも合う、存在感のあるメイクです。

基本ナチュラル
メイク

アイシャドウ

CHANEL

レ ベージュ パレット ル
ガール 184189 ウォーム

ライトサーモンをはじめ、明るくクリアな色がラインナップされた使い勝手抜群のアイシャドウパレット。ハイライトも真っ白ではなくピーチピンク系なので、春タイプの肌によくなじみます。ゴールドやオーロラ系の繊細なラメが、品のいいかわいらしさを演出。

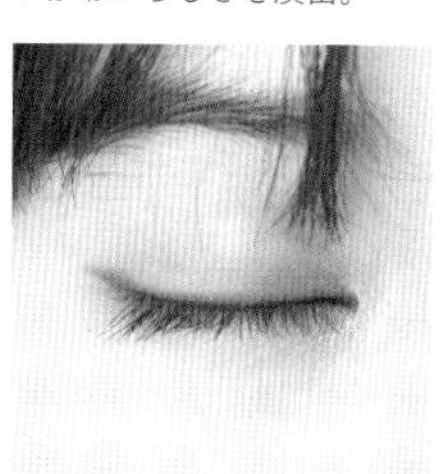

チーク

CLINIQUE

チーク ポップ 08 メロン
ポップ

明るくてくすみのないライトサーモンは、春タイプの頬によく似合う色。血色をさらによく見せてくれ、かわいくヘルシーな印象になります。ほんのりツヤが出るタイプ。

リップ

Elégance

ルージュ クラジュール 03

春×ナチュラルタイプの大人の魅力を引き出す、鮮やかなオレンジレッド。目が大きくて華やかな顔立ちの方は、鮮やかな色がとくに似合います。適度なツヤが出るリップなので、透明感のある春タイプにぴったり。

ナチュラルなかわいさをいかす
デイリーメイク

アイシャドウ

excel

スキニーリッチシャドウ
SR05 ウォームブラウン

アイボリー、アプリコット、ライトブラウンでつくるナチュラルな目もとは、オフィスなどのきちんとした場にもマッチ。締め色にもライトブラウンを使い、濃くしすぎないのがポイント。明るい瞳が引き立ちます。ゴールドに輝く上品なパールで、肌の血色感を高めてより美しく。

チーク

CEZANNE

ナチュラル チークＮ 10 オレンジピンク

ライトオレンジを選ぶと元気なイメージに。このくらい明るい色のチークをつけても、肌の色素が明るい春タイプなら浮かずにかわいく仕上がります。光のあたる角度によって、繊細なゴールドラメがキラキラと輝きます。

リップ

Yves Saint Laurent

ルージュ ヴォリュプテ シャイン 150 ヌード ランジェリー

明るくクリアなピーチピンクのリップは、デイリーづかいにイチオシの１本。どんなアイシャドウとも相性がよく、品のいい仕上がりに。色の美しさがそのままいきる高発色タイプ。しっとりとしたツヤ感があり、軽いつけ心地です。

アクティブに遊ぶ日の
ヘルシーメイク

アイシャドウ

LUNASOL

アイカラーレーション 15
Flawless Clarity

使いやすいブラウン系のアイシャドウを選ぶなら、黄みのゴールデンブラウンの濃淡が入ったパレットがおすすめ。少し暗めの色を使いたいときも、濁っていないクリアな色を選ぶようにします。ナチュラルカラーにラメを重ねると、抜けのあるつやめきが出ておしゃれ。左上のカラーは白が少し強いので、使うときは少量で。

チーク

ADDICTION

アディクション ザ ブラッシュ
008M Timeless Petal (M)
タイムレス ペタル

元気でフレッシュなライトオレンジのチーク。オレンジ系のパステルカラーがよく似合う春タイプの鉄板チークカラーです。

リップ

OPERA

オペラ リップティント N 17
ピーチグロウ

リップもオレンジ系のアプリコットで元気よく。シアーでみずみずしい質感が◎。アイシャドウを明るめのワントーンで仕上げると、さらにフレッシュな印象になります。

春×ナチュラルタイプに似合う
ヘア&ネイル

本命ヘアは、
クリアカラーのゆるふわスタイル

顔まわりを縁どる髪は、服やメイクとともにその人の印象を大きく左右します。パーソナルカラーのセオリーをヘアカラーに、骨格診断のセオリーをヘアスタイルにとり入れて、もう一段上の「似合う」を手に入れましょう！

春タイプに似合うヘアカラーは、黄みのある明るいブラウンやオレンジ系。くすみのない暖色を選ぶとおしゃれに決まります。

くすみが強い色や、青みを感じるブルーアッシュ系は、顔色が抜けて寂しい印象に。黒髪も重く見えてしまい、春タイプの透明感のある肌をいかしにくいヘアカラーです。

ナチュラルタイプに似合うヘアスタイルは、適度に重さを残したラフなスタイル。毛先を遊ばせたり、全体的にゆるっと巻いたり、きっちりまとめず無造作に仕上げるとこなれた雰囲気がアップします。

おすすめのヘアカラー

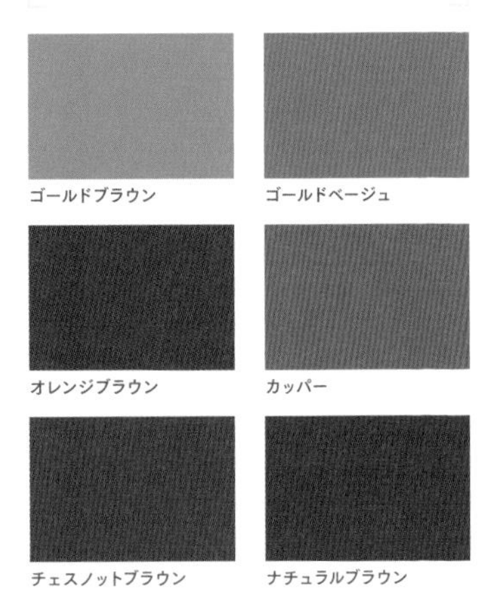

おすすめのネイルカラー

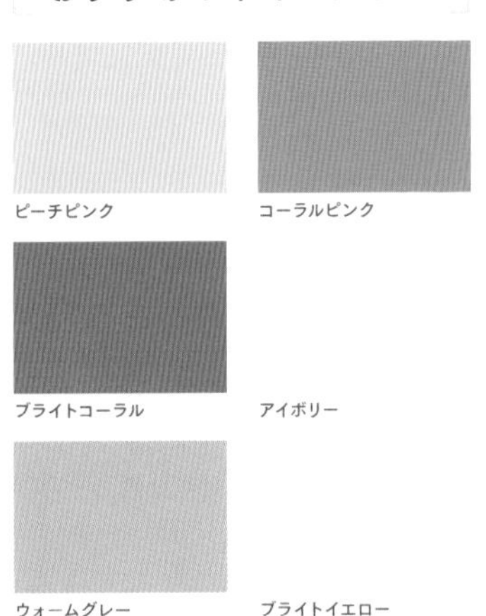

Short

明るめベージュの
ショートヘア

明るい黄みのベージュは、春タイプだからこそ似合うヘアカラー。毛先を遊ばせたラフなショートスタイルで、春×ナチュラルタイプらしい親しみやすさを。

Medium

たっぷりレイヤーの
ミディアムヘア

ツヤ感のあるオレンジ系のブラウンベージュで、顔の血色感アップ。全体的に重さは残しながらも、顔まわりにたっぷりレイヤーを入れてやわらかい印象に。

Long

上品ハイライトの ロングヘア

内側にハイライトを入れたヘアカラーは、スタイリング次第で違う雰囲気が楽しめます。顔にかかる長めの前髪と、ランダムに巻いたラフな毛先が◎。

Arrange

ゆるっと感がキュートな ハーフアップ

簡単なのにかわいいハーフアップアレンジは、全体を大きめに巻いて、顔まわりの後れ毛を残すのがポイント。明るい髪色も映えます。タイトにまとめず「ゆるっと」を意識！

可憐なベージュ系ネイル

可憐で上品なピーチピンクのフレンチネイルは、オフィスなどのきちんとした場にもOK。ナチュラルタイプに似合う大きめのオパールストーン&パールと、春タイプに似合う明るいイエローゴールドのスタッズを添えて。

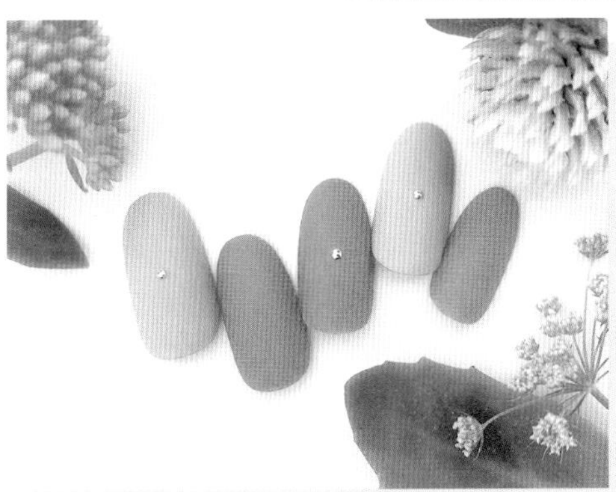

バイカラーのマットネイル

キュートなブライトコーラル×シックなウォームグレーのバイカラーを、マットコートで大人っぽく。ツヤが得意な春タイプですが、春×ナチュラルタイプならマットも似合います。かわいいなかにも洗練感が漂うネイル。

リゾートで映えるイエロー系ネイル

明るく元気なビビッドイエローのフットネイル。サンダルでリゾート地を歩けば、青い空や海との美しいコントラストが楽しめます。大きめのシェルやラメをバランスよくあしらうと、カジュアルなイエローもこなれた印象に。

Epilogue

本書を最後まで読んでくださってありがとうございました。
あなたの魅力を輝かせる『パーソナルカラー×骨格診断別　似合わせBOOK』。
個性を引き出す、ファッションやヘアメイク、ネイルをご覧いただきいかがでしたでしょうか。

「パーソナルカラー×骨格診断」。この2つのセオリーは、あなたがすでにいま、持っている魅力や個性を引き出し、より美しく輝かせるものです。もちろん、ファッションは楽しむものなので、セオリーに縛られることなく、自由に服選びを楽しんでいただければと思います。
でも、あまりにも多くの情報があふれるいま、つい、自分にないものを求めてしまったり、他の人と比べてしまうことも、もしかしたらあるかもしれません。
そんなふうに何を着たらよいか迷ってしまったときに、この本が、あなたらしいファッションに気づく、ひとつのきっかけになればとてもうれしく思います。
私のサロンに来られるお客さまは、パーソナルカラーと骨格診断に合った色やデザインの服、メイクを実際にご提案すると「今までこんな服やメイクはしたことがなかったです！」「私は、本当はこういう服が似合うんですね！」と驚かれる方もたくさんいらっしゃいます。朝に来店されたときとは見違えるほどすてきになった姿を、数えきれないくらい目にしてきました。
自分自身を知り、それを最大限にいかすことは、「あなたらしい、身に着けていて心地よいファッション」を叶える近道になると思います。
色とりどりの服やコスメは、それを目にするだけで、私たちをワクワクした気持ちにさせてくれます。色とファッションのもつパワーを味方につけて、ぜひ、毎日の着こなしを楽しんでくださいね。

毎朝、鏡に映るあなたの顔が、これからもずっと、幸せな笑顔であふれますように。

最後になりますが、この12冊の本を制作するにあたり、本当に多くの方に、お力添えをいただきました。

パーソナルカラーと骨格診断のセオリーにマッチした、膨大な数のセレクトアイテム。その全商品のリースを、一手に引き受けてくださったスタイリストの森田さん。根気よく置き画制作を担当してくださった、佐野さんはじめ、スタイリストチームのみなさん。すてきな写真を撮ってくださったフォトグラファーのみなさん、抜けのある美しいメイクをしてくださったヘアメイクさん、頼りになるディレクターの三橋さん、アシストしてくださった鶴田さん、木下さん、すてきな本に仕上げてくださったブックデザイナーの井上さん。

そして、本書の編集をご担当いただきました、サンクチュアリ出版の吉田麻衣子さんに心よりお礼を申し上げます。特に吉田さんには、この1年、本当にいつもあたたかく励ましていただき、感謝の言葉しかありません。最高のチームで、本づくりができたことに感謝の気持ちでいっぱいです。

また、アイテム探しを手伝ってくれた教え子たち、そして、この1年、ほとんど家事もできないような状態の私を、何もいわずにそっと見守ってくれた主人と息子にも、この場を借りてお礼をいわせてください。本当にありがとう。

たくさんのみなさまのおかげでこの本ができあがりました。本当にありがとうございました。

2024年3月　海保 麻里子

協力店リスト

＜衣装協力＞

・AMERICAN HOLIC
（アメリカンホリック）
https://stripe-club.com/american-holic

・antiqua
（アンティカ）
https://www.antiqua.co.jp

・YECCA VECCA
（イェッカ ヴェッカ）
https://stripe-club.com/yeccavecca

・VENDOME BOUTIQUE
（ヴァンドームブティック）
https://vendome.jp/vendome_boutique

・WEGO
（ウィゴー）
https://wego.jp

・ウィッカ
https://citizen.jp

・welleg
（ウェレッグ）
https://welleg.jp

・estää
（エスタ）
https://www.moonbat.co.jp/

・L.L.Bean
（エル・エル・ビーン）
https://www.llbean.co.jp

・L.L.Bean Japan Edition
（エル・エル・ビーン ジャパンエディション）
https://www.llbean.co.jp/

・cache cache
（カシュカシュ）
https://www.unbillion.com/brand/cachecache

・KOBE LETTUCE
（コウベレタス）
https://www.lettuce.co.jp

・CONVERSE
（コンバース）
https://converse.co.jp

・ザ・スーツカンパニー
https://www.uktsc.com/

・SHEEN
（シーン）
https://www.casio.com/jp/watches/sheen

・SHOO・LA・RUE
（シューラルー）
https://store.world.co.jp/s/brand/shoo-la-rue/

・Zoff
（ゾフ）
https://www.zoff.co.jp/shop/default.aspx

・Trysil
（トライシル）
https://zozo.jp/shop/trysil/

・New Balance
（ニューバランス）
https://shop.newbalance.jp/shop

・VATSURICA
（バツリカ）
https://www.vatsurica.net

・Honeys
（ハニーズ）
https://www.honeys-onlineshop.com/shop/default.aspx

・卑弥呼
（ヒミコ）
https://himiko.jp

・Faviora faux fur
（ファビオラ フォー ファー）
https://www.moonbat.co.jp/

・PLUS VENDOME
（プラス ヴァンドーム）
https://vendome.jp/plus_vendome

・FURLA
（フルラ）
https://www.moonbat.co.jp/

・BABY-G
（ベビージー）
https://gshock.casio.com/jp/products/women/all

・marvelous by Pierrot
（マーベラス バイ ピエロ）
https://pierrotshop.jp

・MAMIAN
（マミアン）
https://www.mamian.co.jp

・MISTY
（ミスティ）
https://misty-collection.co.jp

・mite
（ミテ）
https://www.mite.co.jp

・Luna Luce Roca
（ルナ ルーチェ ロカ）
https://www.moonbat.co.jp/

＜ヘアスタイル画像協力＞

P101上　emu（エミュ）表参道／青山／OZmall
https://www.ozmall.co.jp/hairsalon/1641/

P101下、P102上
kakimoto arms（カキモトアームズ）
https://kakimoto-arms.com

P102下　BiBi international
（ビビインターナショナル）／OZmall
https://www.ozmall.co.jp/hairsalon/0078/

＜ネイル画像協力＞

P103　青山ネイル
https://aoyama-nail.com

＜素材画像協力＞

P44　iStock

※上記にないブランドの商品は、著者私物・編集部私物です。
※掲載した商品は欠品・販売終了の場合もあります。あらかじめご了承ください。

海保 麻里子

ビューティーカラーアナリスト®
株式会社パーソナルビューティーカラー研究所 代表取締役

パーソナルカラー＆骨格診断を軸に、顧客のもつ魅力を最大限に引き出す「外見力アップ」の手法が評判に。24年間で2万人以上の診断実績をもつ。自身が運営する、東京・南青山のイメージコンサルティングサロン「サロン・ド・ルミエール」は、日本全国をはじめ、海外からも多くの女性が訪れる人気サロンとなる。
本シリーズでは、その診断データをもとに、12タイプ別に似合うアイテムのセレクト、およびコーディネートを考案。「服選びに悩む女性のお役に立ちたい」という思いから、日々活動を行う。
また、講師として、カラー＆ファッションセミナーを1万5千回以上実施。企業研修やラグジュアリーブランドにおけるカラー診断イベントも多数手がける。わかりやすく、顧客に寄り添ったきめ細やかなアドバイスが人気を博し、リピート率は実に9割を超える。
2013年には、「ルミエール・アカデミー」を立ち上げ、スクール事業を開始。後進の育成にも力を注ぐ。
その他、商品・コンテンツ監修、TVやラジオ、人気女性誌などのメディア取材多数。芸能人のパーソナルカラー診断や骨格診断も数多く担当するなど、著名人からも信頼を集める。
著書に『今まで着ていた服がなんだか急に似合わなくなってきた』（サンマーク出版）がある。

サロン・ド・ルミエール HP
https://salon-de-lumiere.com/

クラブS

ほぼ毎月とどく
本のびっくり箱クラブS
くわしくはコチラ
サンクチュアリ出版 年間購読メンバー

新刊が12冊届く、公式ファンクラブです。

sanctuarybooks.jp/clubs/

サンクチュアリ出版 YouTube チャンネル

奇抜な人たちに、
文字には残せない本音
を語ってもらっています。

“サンクチュアリ出版
チャンネル” で検索

選書サービス

あなたのお好みに
合いそうな「他社の本」
を無料で紹介しています。

sanctuarybooks.jp
/rbook/

サンクチュアリ出版 公式 note

どんな思いで本を作り、
届けているか、
正直に打ち明けています。

note.com/
sanctuarybooks

人生を変える授業オンライン

各方面の
「今が旬のすごい人」
のセミナーを自宅で
いつでも視聴できます。

sanctuarybooks.jp
/event_doga_shop/

パーソナルカラー春×骨格診断ナチュラル 似合わせBOOK

2024年3月6日 初版発行

著　者　　海保麻里子

装丁デザイン　井上新八
本文デザイン　相原真理子
モデル　柊有紗(スペースクラフト・エージェンシー)
撮影(人物)　畠中彩
撮影(物)　畠中彩、小松正樹
ヘアメイク　yumi(Three PEACE)
スタイリング(アイテム手配)　森田文菜
スタイリング(アイテム置き画制作)　佐野初美、小沼進太郎、岡村彩
編集協力　三橋温子(株式会社ヂラフ)
制作協力(アシスタント業務)　秋元みづき
Yuuka、NANA(ルミエール・アカデミー)
イラスト　ヤベミユキ
DTP　エヴリ・シンク
撮影協力　KOMA shop、BEER BRAIN

営業　市川聡(サンクチュアリ出版)
広報　岩田梨恵子、南澤香織(サンクチュアリ出版)
制作　成田夕子(サンクチュアリ出版)
撮影補助　木下佐知子(サンクチュアリ出版)
編集補助　鶴田宏樹(サンクチュアリ出版)
編集　吉田麻衣子(サンクチュアリ出版)

発行者　鶴巻謙介
発行・発売　サンクチュアリ出版
〒113-0023 東京都文京区向丘2-14-9
TEL:03-5834-2507 FAX:03-5834-2508
https://www.sanctuarybooks.jp
info@sanctuarybooks.jp

印刷・製本　株式会社シナノ パブリッシング プレス

診断用カラーシート

春 Spring | コーラルピンク | 血色がよくハリが出る ➡ 似合う
黄みが出て浮く ➡ 似合わない

診断用カラーシート

夏 Summer | ローズピンク | 透明感が出る ➡ 似合う
青白くなる ➡ 似合わない

診断用カラーシート

秋 Autumn | サーモンピンク | 血色がよくなじむ ➡ 似合う
黄色くくすむ ➡ 似合わない

診断用カラーシート

冬 Winter | ショッキングピンク | 華やかになる ➡ 似合う
ギラギラする ➡ 似合わない

診断用カラーシート

春 Spring | ライトキャメル | 血色がよく健康的 ➡ 似合う
黄みが出てぼんやりする ➡ 似合わない

診断用カラーシート

夏 Summer | ライトブルーグレー | 透明感が出てシック ➡ 似合う
青白く寂しい ➡ 似合わない

診断用カラーシート

秋 Autumn | ダークブラウン | なじみがよく上品 ➡ 似合う
地味で暗い ➡ 似合わない

診断用カラーシート

冬 Winter	ブラック	凛として小顔になる ➡ **似合う** 影が目立ち暗い ➡ **似合わない**